T0245780

*Lori Reid*

# TU CÓDIGO LUNAR

El poder de los signos lunares y solares
para potenciar tus relaciones, tu trabajo y tu vida

*Lori Reid*

# TU CÓDIGO LUNAR

El poder de los signos lunares y solares
para potenciar tus relaciones, tu trabajo y tu vida

EDICIONES OBELISCO

# LOS
# SIGNOS
# LUNARES

Si este libro le ha interesado y desea que le mantengamos informado
de nuestras publicaciones, escríbanos indicándonos qué temas son de su interés
(Astrología, Autoayuda, Ciencias Ocultas, Artes Marciales, Naturismo,
Espiritualidad, Tradición…) y gustosamente le complaceremos.

Puede consultar nuestro catálogo en www.edicionesobelisco.com

**Colección Astrología**
Tu código lunar
*Lori Reid*

1.ª edición: julio de 2023

Título original: *Your Lunar Code*

Traducción: *David George*
Maquetación: *Carol Briceño*
Corrección: *Elena Morilla*
Diseño de cubierta: *Enrique Iborra*

© 2009, 2022, Lori Reid
© 2009, 2022, Watkins Media Limited.
Publicado originalmente por Watkins en 2009,
sello editorial de Watkins Media Ltd.
(Reservados todos los derechos)
© 2023, Ediciones Obelisco, S. L.
(Reservados los derechos para la presente edición)

Edita: Ediciones Obelisco, S. L.
Collita, 23-25. Pol. Ind. Molí de la Bastida
08191 Rubí - Barcelona - España
Tel. 93 309 85 25
E-mail: info@edicionesobelisco.com

ISBN: 978-84-1172-027-4
DL B 10578-2023

Impreso en Gràfiques Martí Berrio, S. L.
c/ Llobateres, 16-18, Tallers 7 - Nau 10. Polígono Industrial Santiga.
08210 - Barberà del Vallès - Barcelona

*Printed in Spain*

# INTRODUCCIÓN A LA ASTROLOGÍA DE LOS SIGNOS LUNARES

La astrología es un estudio enormemente fascinante que funciona a muchos niveles. Puede ayudar a explicar cómo y por qué hacemos las cosas que hacemos: nuestras preferencias, decisiones, cómo vivimos, amamos y respondemos a los sucesos externos. Como individuos somos seres complejos que frecuentemente actuamos de forma instintiva frente a las personas y las situaciones. ¿Por qué reaccionamos frente a ciertas condiciones de la forma en que lo hacemos? ¿Por qué nuestro estado de ánimo cambia de un día al otro? ¿Qué orienta nuestras elecciones? Éstas son las preguntas fundamentales que la astrología puede ayudarnos a contestar. Y cuando se trata de nuestro instinto y emociones, la astrología hace que desviemos, inequívocamente, nuestra mirada hacia los movimientos de la Luna.

*Tu código lunar* te encamina hacia ese viaje para descubrir tus aspectos básicos. Estudiando tu signo lunar, su posición en el día que naciste y su influencia a medida que la Luna se desplaza a lo largo de las fluctuaciones del mes, estarás colocando la primera piedra para comprender tu psicología. Luego pasa a la segunda parte del libro, en la que aprenderás más cosas sobre tu signo solar, que arrojará luz sobre el siguiente nivel de tu psique: tu personalidad.

La mayoría de la gente sabe cuál es su signo del zodíaco. Decir que eres Géminis, Leo o Capricornio, por ejemplo, señala en qué signo se encontraba el Sol cuando naciste. Sin embargo, muy poca gente sabe en qué signo estaba la Luna el día que nació y, pese a ello, nuestro signo lunar es tan importante como nuestro signo solar, por no decir que lo es más, porque es nuestro signo lunar el que revela nuestros sentimientos y emociones más íntimos.

Además de describir tus sentimientos, tu signo lunar puede hablarte de tus impulsos más íntimos, tus necesidades y tus deseos, tus reacciones y tus sensibilidades personales. Refleja cómo interactúas con otras personas, qué tipo de relaciones es probable que establezcas y cómo te las arreglas emocionalmente. Tu signo lunar destacará tus expectativas, tus sueños y tus esperanzas, qué te hace sentir bien y qué te da vida, y con qué cosas o personas te encuentras más cómodo.

La Luna en Tauro, por ejemplo, te aportará unas características emocionales muy distintas a, digamos, la Luna en Sagitario. En Tauro, la Luna fortalece y estabiliza los sentimientos. Una persona que nazca en esta Luna busca la seguridad y la permanencia en su vida. Esto es algo muy distinto al de la persona despreocupada que nace bajo la Luna en Sagitario. Esta persona saldría corriendo antes de verse atada de manos.

Así, cada signo por el que pase la Luna «dará color» a tus emociones con sus propias características y cualidades distintivas; pero como la Luna se desplaza rápidamente a través del zodíaco, permaneciendo sólo dos días y cuarto en cada signo, muchos de nosotros recurrimos normalmente a un astrólogo experto para determinar la posición exacta de la Luna en el momento en el que nacimos, ya que creemos que no es algo que podamos hacer nosotros mismos.

No obstante, a lo largo de las siguientes páginas encontrarás tres tablas que te permitirán calcular tu signo lunar por ti mismo. En las tres, la hora está ajustada a la del Meridiano de Greenwich, por lo que deberán hacerse ajustes para otros husos horarios. La primera tabla (*véase* «Cómo conocer tu signo lunar») te ayuda a averiguar en qué signo se encontraba la Luna durante el mes en el que naciste. La segunda tabla (*véase* «Cómo conocer tu signo lunar») ajusta este cálculo para el día concreto de tu nacimiento, permitiéndote saber hasta qué punto de la rueda debes desplazarte para alcanzar una lectura precisa. La tercera tabla (*véase* «Cómo conocer tu signo lunar») supone el paso final y combina lo que has averiguado en las tablas 1 y 2 para así conocer tu signo lunar.

# CÓMO CONOCER
# TU SIGNO LUNAR

## Tabla lunar 1: La ubicación de la Luna el primer día de cada mes

| AÑO DE NACIMIENTO | | | | ENE | FEB | MAR | ABR | MAY |
|---|---|---|---|---|---|---|---|---|
| 1958 | 1977 | 1996 | 2015 | ♉ | ♋ | ♋ | ♍ | ♎ |
| 1959 | 1978 | 1997 | 2016 | ♎ | ♏ | ♐ | ♑ | ♒ |
| 1960 | 1979 | 1998 | 2017 | ♒ | ♈ | ♈ | ♊ | ♋ |
| 1961 | 1980 | 1999 | 2018 | ♊ | ♌ | ♌ | ♎ | ♏ |
| 1962 | 1981 | 2000 | 2019 | ♏ | ♐ | ♑ | ♒ | ♈ |
| 1963 | 1982 | 2001 | 2020 | ♓ | ♉ | ♉ | ♋ | ♌ |
| 1964 | 1983 | 2002 | 2021 | ♌ | ♍ | ♎ | ♏ | ♐ |
| 1965 | 1984 | 2003 | 2022 | ♐ | ♑ | ♒ | ♓ | ♉ |
| 1966 | 1985 | 2004 | | ♈ | ♊ | ♊ | ♌ | ♏ |
| 1967 | 1986 | 2005 | | ♏ | ♏ | ♏ | ♑ | ♒ |
| 1968 | 1987 | 2006 | | ♑ | ♓ | ♓ | ♉ | ♊ |
| 1969 | 1988 | 2007 | | ♉ | ♋ | ♋ | ♍ | ♎ |
| 1970 | 1989 | 2008 | | ♎ | ♐ | ♐ | ♒ | ♓ |
| 1971 | 1990 | 2009 | | ♓ | ♈ | ♉ | ♊ | ♋ |
| 1972 | 1991 | 2010 | | ♋ | ♍ | ♍ | ♎ | ♐ |
| 1973 | 1992 | 2011 | | ♏ | ♑ | ♑ | ♓ | ♈ |
| 1974 | 1993 | 2012 | | ♈ | ♉ | ♊ | ♌ | ♍ |
| 1975 | 1994 | 2013 | | ♌ | ♎ | ♎ | ♐ | ♑ |
| 1976 | 1995 | 2014 | | ♑ | ♒ | ♓ | ♈ | ♉ |

LOS DOCE SIGNOS LUNARES

♈ Aries
♉ Tauro
♊ Géminis
♋ Cáncer
♌ Leo
♍ Virgo
♎ Libra
♏ Escorpio
♐ Sagitario
♑ Capricornio
♒ Acuario
♓ Piscis

Desplaza tu dedo por las columnas de la izquierda de esta tabla para encontrar el año en el que naciste. Desplázate horizontalmente por esa línea hasta llegar a tu mes de nacimiento. Anota el símbolo que representa el signo correspondiente a ese mes y luego pasa a la tabla de la página siguiente.

| AÑO DE NACIMIENTO | | | | JUN | JUL | AGO | SEP | OCT | NOV | DIC |
|---|---|---|---|---|---|---|---|---|---|---|
| 1958 | 1977 | 1996 | 2015 | ♐ | ♑ | ♒ | ♈ | ♉ | ♋ | ♌ |
| 1959 | 1978 | 1997 | 2016 | ♈ | ♉ | ♋ | ♌ | ♍ | ♏ | ♐ |
| 1960 | 1979 | 1998 | 2017 | ♌ | ♍ | ♏ | ♑ | ♒ | ♈ | ♉ |
| 1961 | 1980 | 1999 | 2018 | ♑ | ♒ | ♈ | ♉ | ♊ | ♌ | ♍ |
| 1962 | 1981 | 2000 | 2019 | ♉ | ♊ | ♌ | ♎ | ♏ | ♐ | ♑ |
| 1963 | 1982 | 2001 | 2020 | ♎ | ♏ | ♐ | ♒ | ♓ | ♉ | ♊ |
| 1964 | 1983 | 2002 | 2021 | ♒ | ♓ | ♉ | ♋ | ♌ | ♍ | ♎ |
| 1965 | 1984 | 2003 | 2022 | ♊ | ♌ | ♍ | ♏ | ♐ | ♒ | ♓ |
| 1966 | 1985 | 2004 | | ♏ | ♐ | ♒ | ♓ | ♈ | ♊ | ♋ |
| 1967 | 1986 | 2005 | | ♓ | ♉ | ♊ | ♌ | ♍ | ♎ | ♐ |
| 1968 | 1987 | 2006 | | ♌ | ♍ | ♏ | ♐ | ♑ | ♓ | ♈ |
| 1969 | 1988 | 2007 | | ♐ | ☿ | ♓ | ♈ | ♊ | ♋ | ♌ |
| 1970 | 1989 | 2008 | | ♉ | ♊ | ♋ | ♍ | ♎ | ♐ | ♑ |
| 1971 | 1990 | 2009 | | ♍ | ♎ | ♐ | ♑ | ♒ | ♈ | ♉ |
| 1972 | 1991 | 2010 | | ♑ | ♓ | ♈ | ♊ | ♋ | ♍ | ♎ |
| 1973 | 1992 | 2011 | | ♊ | ♋ | ♍ | ♏ | ♐ | ♑ | ♒ |
| 1974 | 1993 | 2012 | | ♎ | ♏ | ♑ | ♓ | ♈ | ♉ | ♋ |
| 1975 | 1994 | 2013 | | ♓ | ♈ | ♉ | ♋ | ♌ | ♎ | ♏ |
| 1976 | 1995 | 2014 | | ♋ | ♌ | ♎ | ♏ | ♑ | ♒ | ♈ |

# Tabla lunar 2: El número de signos lunares que hay que sumar

Fíjate en la tabla que aparece a continuación y encuentra el día del mes en el que naciste (el 1 si naciste el primer día del mes, el 2 si naciste el segundo, etc.). El número que se encuentra a la derecha de ese día te dirá cuántos signos del zodíaco extra deberás sumar al signo que obtuviste en la tabla lunar 1.

| Naciste este día: | Añade este número de signos: | Naciste este día: | Añade este número de signos: |
|---|---|---|---|
| 1 | 0 | 16 | 7 |
| 2 | 1 | 17 | 7 |
| 3 | 1 | 18 | 8 |
| 4 | 1 | 19 | 8 |
| 5 | 2 | 20 | 9 |
| 6 | 2 | 21 | 9 |
| 7 | 7 | 22 | 10 |
| 8 | 3 | 23 | 10 |
| 9 | 3 | 24 | 10 |
| 10 | 4 | 25 | 11 |
| 11 | 4 | 26 | 11 |
| 12 | 5 | 27 | 0 |
| 13 | 5 | 28 | 0 |
| 14 | 6 | 29 | 1 |
| 15 | 6 | 30 | 1 |
| | | 31 | 2 |

## Tabla lunar 3: Averigua tu signo lunar

Aquí tenemos la rueda del zodíaco, que contiene los doce signos. Coloca tu dedo en el signo que se te ha asignado en la tabla lunar 1. Ahora, desplazándote en sentido horario, añade el número de signos extra que te han salido en la tabla lunar 2. El signo al que llegues es el signo en el que se encontraba la Luna el día que naciste.

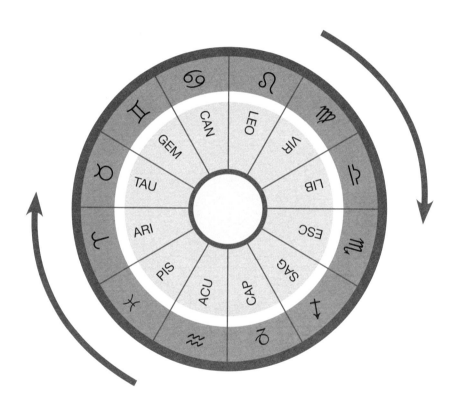

# ARIES

## EL CARNERO LUNAR

Regido por el terco Marte, la tuya es una Luna autoritaria, y eso se pone de manifiesto. Ciertamente, no eres una persona tímida. Tienes madera para detectar potencial en las situaciones y asumes la iniciativa de forma espontánea. Eres jovial y decidido, y tu inclinación natural es la de organizar y controlar.

Como la Luna está relacionada con el agua (por ejemplo, la Luna gobierna las mareas), no se encuentra muy cómoda en un signo de Fuego. En el mejor de los casos, el fuego y el agua producen vapor, que puede hacer funcionar un motor. En el peor de los casos, trabajan el uno en contra del otro: el fuego hace que el agua se evapore y desaparezca, y el agua apaga el fuego.

Sacar lo mejor de esta Luna significa aprender a acertar con el equilibrio emocional. Dominar el deseo de controlar cualquier situación y a cualquier persona a la que conozcas supone el primer paso. Permitir llegar a acuerdos con los demás y tomar en consideración sus puntos de vista es el siguiente paso. Una vez alcanzado ese equilibrio, debes mantener esa inercia.

### Tu corazón fogoso

Eres dinámico e independiente, y emocionalmente enérgico y fuerte. Tomas decisiones sin consultar con los demás y, hasta que no aprendas a llegar a acuerdos, puede que encuentres difícil el compartir.

Dicho esto, hay algo noble en ti, y buscas la misma integridad emocional en los demás. Cuando se trata de sentar cabeza con una pareja estable, basas tu relación en la honestidad y la verdad. Emparejarte con alguien tan fuerte e independiente como tú es ideal, ya que esto retará a tu Luna fogosa. También ayudará a reducir esa sensación de estar atado de manos, que te pone intranquilo. Cuando te enamoras, eres una buena pareja que sabe cómo mantener una relación viva.

**Fundamentos emocionales:** Ardoroso, romántico, caliente, apasionado, deseoso, egoísta, desconsiderado.

## La Luna en Aries…

### … Amistad

La gente que llega a conocerte pronto descubre lo abierto y sincero que eres como amigo. Eres alegre, optimista y una persona sociable. Te sientes atraído por la gente deportista y aventurera.

### … Familia

Puede que la vida doméstica no sea tu fuerte, pero cuando se trata de motivar a tus hijos, estás ahí. Educarás a tus retoños para que sean independientes desde muy pronto, llevándoles de *camping,* enseñándoles autodefensa y animando intensamente a su equipo.

### … En el lugar de trabajo

Estás lleno de ideas brillantes y estás ansioso por ponerlas en práctica. Idealmente, tu trabajo te mantendrá en movimiento y te permitirá llevar la batuta, dirigiendo en primera línea. Un torrente de proyectos a corto plazo mantendrá tu interés.

### … En la vida

Eres profundamente romántico y simple y llanamente sexi. En las relaciones tomas la iniciativa y puede que parezcas un poco insensible para almas más tiernas. Como eres tan impulsivo en el amor como en la vida, eres genial en la rutina de la seducción, pero intenta no ser demasiado agresivo.

## Tabla lunar del amor

Tu Luna en Aries con su Luna o Sol en…

**¿UN BUEN EMPAREJAMIENTO?**
◐ Espinoso.
◐◐ Posible.
◐◐◐ Prometedor.
◐◐◐◐ Apasionado.
◐◐◐◐◐ Perfecto.

◐◐◐◐     **Aries.** Un emparejamiento que es apasionado e intenso. Os lleváis bien, pero… ¡qué lástima!… sois demasiado competitivos para un amor duradero.

◐◐     **Tauro.** Los deseos y estilos de vida discrepantes harán que os separéis.

◐◐◐◐     **Géminis.** ¡Genial! Esta interesante mezcla puede llegar lejos.

◐◐     **Cáncer.** Un emparejamiento erótico que necesita de mucho trabajo para tener éxito.

◐◐◐◐◐     **Leo.** ¡Caramba! Caliente, romántico, ardoroso. ¡Ésta es una combinación muy excitante!

◐     **Virgo.** Los dos no vais a ver las cosas de la misma forma.

◐◐◐     **Libra.** Es una posibilidad si estáis preparados para aprender el uno del otro.

◐◐◐     **Escorpio.** Vuestra atracción magnética os convierte en un equipo de ensueño.

◐◐◐◐◐     **Sagitario.** Atlético, aventurero, excitante. Ésta es una asociación muy caliente.

◐◐◐     **Capricornio.** Mejor en la sala de juntas que en la cama.

◐◐◐◐     **Acuario.** La abundancia de respeto mutuo hace que esta sea una relación buena y factible.

◐◐     **Piscis.** Estaréis bien al principio, pero sólo un milagro os mantendrá juntos.

# ♉

# TAURO

## EL TORO LUNAR

El ser responsable de provocar las mareas relaciona, inevitablemente, a la Luna con el agua. Como signo, Tauro pertenece al elemento Tierra, y la tierra y el agua son receptivas la una con la otra, generando juntas las condiciones fértiles en las que se desarrollará la vida vegetal. Esta relación mutuamente beneficiosa implica que, astrológicamente, se dice que la Luna está «exaltada» en el signo de Tauro: en otras palabras, la Luna se siente cómoda aquí, transmitiendo sus mejores características.

Acogedor y cariñoso, con tu Luna en Tauro desarrollas unos cimientos fuertes en tu vida y generas una atmósfera de belleza y paz a tu alrededor y el de aquellos a los que más quieres. Estás muy unido a tu familia, y te gusta tenerla cerca, mientras tus posesiones te aportan una sensación de permanencia.

## Tu corazón honesto

En esencia, una Luna en Tauro estabiliza los estados de ánimo, lo que significa que, emocionalmente, eres muy equilibrado. Eres temperamentalmente constante, no eres tendente a picos de melodramatismo ni te hundes en abismos de desesperanza. Mientras puede que otras personas se vuelvan poco fiables durante una crisis, pillen un berrinche cuando no puedan salirse con la suya o les dé directamente un ataque de ira si les pedimos que hagan un esfuerzo adicional, eso no te sucederá a ti. Has nacido con un gran sentido común y no te desmoronas ante una emergencia. Tampoco juegas a juegos emocionales ni pones mala cara con el trabajo duro. En lugar de ello, te arremangarás y echarás una mano, aportando, invariablemente, ese diez por ciento extra que te hace destacar como una persona enormemente fiable y capaz.

Además, Venus, la diosa del amor, rige a Tauro e imparte una dulzura fundamental a este signo; por lo tanto, nacer con la Luna en Tauro te convierte en alguien especialmente afortunado.

**Fundamentos emocionales:** encantador, sensual, indulgente, sensato, relajante, cauteloso, posesivo.

## La Luna en Tauro...

### ... Amistad

Tu encanto y tu sonrisa extrovertida atraen a la gente hacia ti, y te encanta hacer sentir a gusto a la gente. Eres extremadamente digno de confianza y siempre estás ahí para un amigo en apuros.

### ... Familia

Nadie mima a sus hijos como tú. Eres uno de los padres más protectores que se pueden encontrar. Puedes ser estricto, duro y un poco anticuado, insistiendo en el respeto y las buenas maneras. Eres muy artístico y disfrutas viendo cómo tus hijos florecen creativamente.

### ... En el lugar de trabajo

Tanto si eres el jefe, un colega o un empleado, si dices que harás algo, lo harás y lo terminarás. Eres confiable, tienes los pies en el suelo y gestionas las tareas con sentido común. Destacas en ocupaciones creativas y te encanta trabajar con la naturaleza.

### ... En el amor

Ser tan estable y fuerte emocionalmente significa que eres como una roca para tu pareja. No eres impulsivo ni tienes tendencia a los cambios de humor, pero puedes ser posesivo. Te tomas tu tiempo para enamorarte, pero una vez que te comprometes, eres leal hasta el final.

# Tabla lunar del amor

Tu Luna en Tauro con su Luna o Sol en…

**¿UN BUEN EMPAREJAMIENTO?**
◑ Espinoso.
◑◑ Posible.
◑◑◑ Prometedor.
◑◑◑◑ Apasionado.
◑◑◑◑◑ Perfecto.

◑◑ **Aries.** Incierto. Siendo realista estáis en mundos distintos.

◑◑◑◑ **Tauro.** Sois una copia exacta el uno del otro, haciendo que esta relación sea sólida y segura.

◑ **Géminis.** Un mal emparejamiento. Tenéis mentalidades distintas y queréis cosas diferentes en la vida.

◑◑◑◑ **Cáncer.** Sois maravillosamente cariñosos y estáis extremadamente a gusto.

◑◑◑ **Leo.** Sois un buen emparejamiento y, además, os divertís el uno al otro.

◑◑◑◑◑ **Virgo.** ¡Una combinación genial! Esta asociación es sólida, firme, alentadora y duradera.

◑◑◑ **Libra.** Una pareja sensual, creativa y artística.

◑◑◑ **Escorpio.** Puede que seáis polos opuestos, pero os atraéis.

◑ **Sagitario.** Sois muy distintos en demasiados aspectos.

◑◑◑◑◑ **Capricornio.** Una relación potente y duradera. ¡Juntos sois fantásticos!

◑◑ **Acuario.** Una falta de confianza os separa.

◑◑◑ **Piscis.** Lleno de posibilidades. Hay mucha atracción mutua aquí.

# GÉMINIS

## LOS GEMELOS LUNARES

Una Luna en Géminis es como el champán: ligera, efervescente, burbujeante y hace que la fiesta esté animada. La Luna está relacionada con el agua, y Géminis está regido por el elemento Aire. Mezclados, estos dos elementos forman burbujas iridiscentes que brillan y titilan al captar la luz.

¡Esa analogía te describe tan bien! Eres extrovertido y expresivo, y tu parloteo nos anima el corazón. No importa de quién estés acompañado: tu ingenio brilla mientras animas esta conversación o ese estado de humor, manteniendo a todo el mundo entretenido; pero te puedes distraer con facilidad, revoloteando de una persona a otra, de un tema al siguiente.

¿Es posible tener demasiado de algo bueno? A no ser que aprendas a concentrarte, lo es. Recuerda que demasiadas burbujas pueden generar un mar superficial de espuma que puede irse volando con el viento.

### Tu corazón juguetón

Tu Luna en Géminis estimula tu curiosidad, agiliza tus procesos de pensamiento y te dota de astucia emocional y capacidad lingüística. La comunicación es tu fuerte y no evitas expresar cómo te sientes. Además, como estás bendecido con una perspicacia alegre, puedes ganarte a la gente (y hablar por los codos).

Eres tan inquieto en las relaciones como lo eres en la vida, y necesitas cambios constantes, multitud de intereses y una agenda llena de amigos. El aburrimiento es tu mayor enemigo. Puede que esa sea la razón por la cual siempre estás en movimiento y siempre estás a la búsqueda de la siguiente persona que te entretenga. Eres muy inteligente y es divertido estar contigo, y esta Luna mantiene tus emociones y tu naturaleza jóvenes de espíritu.

**Fundamentos emocionales:** brillante, ingenioso, divertido, alegre, inteligente, coqueto, inconstante.

## La Luna en Géminis…

### … Amistad

Con tu capacidad espontánea para habar con cualquiera sobre lo que sea, haces amigos allá donde vayas. Eres divertido y alegre, y como mejor te encuentras es entre una multitud. Cuantos más amigos y conocidos tengas, más feliz eres.

### … Familia

Como tu Luna te proporciona el don de la juventud, estar en la misma onda que tus hijos es algo que te surge con naturalidad. Nunca te cansas de jugar a juegos, explicar cuentos o comprar artilugios. Por lo que a ti respecta, la brecha generacional es algo que no existe.

### … En el lugar de trabajo

Eres brillante, agudo y versátil, te encanta la variedad y adquieres habilidades en un abrir y cerrar de ojos. Eres más feliz en un ambiente animado, intercambiando noticias y puntos de vista con otras personas.

### … En el amor

Eres tan proclive a hacer malabarismos con tus admiradores como a hacer muchas cosas al mismo tiempo en otras áreas de tu vida. Eres sociable, pero puedes ser un ligón, incluso estando en pareja. Sin embargo, eres inmensamente ingenioso y divertido, y tu pareja te quiere por ello.

## Tabla lunar del amor

Tu Luna en Géminis con su Luna o su Sol en…

◑◑◑◑ **Aries.** La energía elevada y la actividad mantienen vuestra relación siempre viva.

◑ **Tauro.** Los dos sois parlanchines, pero ¿habláis el mismo idioma?

◑◑◑◑ **Géminis.** Sois un emparejamiento ligero, efervescente y divertido.

◑◑ **Cáncer.** Un choque de estilos de vida hace que esta sea una combinación difícil para una unión duradera.

◑◑◑◑ **Leo.** Formáis una pareja brillante.

◑◑◑ **Virgo.** Intelectualmente sois interesantes, pero desde el punto de vista romántico sois, tristemente, una pareja aburrida.

◑◑◑◑◑ **Libra.** ¡Genial! Pensáis de forma parecida y disfrutáis con las mismas cosas.

◑ **Escorpio.** ¡Qué lástima! No estáis hechos el uno para el otro.

◑◑◑ **Sagitario.** Fascinante. Sois polos opuestos, pero eso podría funcionar a vuestro favor.

◑ **Capricornio.** Lamentablemente, los dos no estáis, simplemente, en la misma onda emocional.

◑◑◑◑◑ **Acuario.** Vuestros intereses y objetivos compartidos en la vida hacen que este sea un equipo ganador.

◑◑ **Piscis.** Una asociación complicada, pero sois, potencialmente, buenos compañeros.

# ♋

# CÁNCER
## EL CANGREJO LUNAR

La Luna es el regente natural de Cáncer, haciendo que se sienta cómodamente situada en este signo. De hecho, la Luna no sólo se siente cómoda aquí, sino que se siente como en casa. Tanto la Luna como Cáncer están relacionados con el elemento Agua, y ambos son sinónimos de los sentimientos y las emociones. Haber nacido bajo la Luna en Cáncer significa, pues, que tu vida emocional se encuentra en primera línea de todo lo que haces.

También eres maravillosamente sentimental. Atesoras el pasado y crees en la conservación y preservación de nuestro patrimonio. Puede que eso sea lo que te convierte en un coleccionista tan genial. Estás bendecido con una profunda intuición y un excelente sentido para los negocios.

Y tienes una memoria formidable que te resulta muy útil: rara vez olvidas un cumpleaños importante o un acontecimiento especial.

## Tu corazón cariñoso

Si has nacido bajo la Luna en Cáncer, estás gobernado por tus sentimientos y, al igual que la Luna pasa por los cuartos crecientes y menguantes, tu estado de ánimo tiende a fluctuar. Al igual que el cangrejo que simboliza este signo, te encanta estar acurrucado, seguro y calentito, y proteger tus sentimientos delicados y tiernos con un revestimiento exterior duro. Puedes estar resplandeciente, paseando de un lado a otro por la caliente playa de la vida, pero cuando hieren tus sentimientos, te retiras molesto en el interior de tu caparazón y rehúsas salir hasta que notas que no hay peligro a la vista.

Eres enormemente sensible y un alma tierna. Te ves herido fácilmente por la insensibilidad de los demás, pero la edad y la experiencia te han enseñado a ocultar tus vulnerabilidades. Tu corazón está dedicado a tu hogar y tu familia: eres más feliz rodeado de tus seres queridos en tu propio hogar, o pasando el rato en tu jardín. Eres un gran cuidador: cariñoso, considerado y amable.

**Fundamentos emocionales:** cariñoso, solícito, sensible, alentador, casero, protector, de carácter cambiante.

## La Luna en Cáncer...

### ... Amistad

Eres servicial, solícito y empático. Dejarás lo que estés haciendo por un amigo en apuros. Te preocupas por tus amigos íntimos, y a veces te tomas sus problemas como si te afectasen a ti. Sabes escuchar y eres apreciado por tu discreción.

### ... Familia

Eres un progenitor de libro de cuentos: lleno de abrazos de oso acogedores y hogareños. Te preocupas por el bienestar de tus hijos, enseñándoles valores familiares y consintiéndoles con atenciones; pero también crees en la disciplina y esperas que tus retoños se comporten bien.

### ... En el lugar de trabajo

Ganarte bien la vida es importante para ti, por lo que tu trabajo tiene que pagarte bien. Trabajar desde casa te sitúa el en séptimo cielo, pero también te gusta la seguridad de formar parte de una organización mayor y protectora.

### ... En el amor

Tienes un corazón tierno que apoya y protege. A pesar de tu dura coraza externa, eres un alma sensible y, desde el punto de vista emocional, te lastiman con facilidad; pero eres un romántico nato y eres feliz acurrucándote y creando un hogar con la persona a la que amas.

## Tabla lunar del amor

Tu Luna en Cáncer con su Luna o Sol en…

**¿UN BUEN EMPAREJAMIENTO?**
◗ Espinoso.
◗◗ Posible.
◗◗◗ Prometedor.
◗◗◗◗ Apasionado.
◗◗◗◗◗ Perfecto.

◗ **Aries.** Este emparejamiento es demasiado pasional para tus sensibilidades emocionales.

◗◗◗◗ **Tauro.** Una asociación que simplemente va cada vez a mejor.

◗ **Géminis.** Improbable. Emocionalmente, los dos sois como la noche y el día.

◗◗◗◗◗ **Cáncer.** ¡Perfecto! Estáis totalmente en el mismo plano.

◗◗◗ **Leo.** Una asociación amorosa, pero agotadora.

◗◗◗◗ **Virgo.** Una asociación mutuamente enriquecedora.

◗ **Libra.** ¡Qué lástima! Este emparejamiento no lleva a ningún lugar: los dos estáis mirando en direcciones opuestas.

◗◗◗◗◗ **Escorpio.** Una combinación ganadora. Hay abundante respeto, amor y protección profundos.

◗◗ **Sagitario.** Un emparejamiento inquieto. Los dos os dirigís hacia una relación desasosegada.

◗◗◗ **Capricornio.** Aunque sois opuestos, de hecho sois bastante buenos el uno para el otro.

◗◗ **Acuario.** Este emparejamiento es demasiado errático para satisfacer tu necesidad de bienestar emocional.

◗◗◗◗◗ **Piscis.** Un emparejamiento profundamente cariñoso y solícito.

# LEO

## EL LEÓN LUNAR

En Leo, la Luna está envuelta de glamur. Si naciste con la Luna en este signo, el disfrute y el placer van antes que tus deberes y obligaciones. Tienes grandes pasiones y te encantan las cosas buenas de la vida.

La Luna pertenece al elemento Agua, mientras que Leo, gobernado por el Sol, es un signo de Fuego. Los dos forman una mezcla humeante que es caliente, apasionada y volátil. La creatividad, la vitalidad, la determinación y el asumir el control están relacionados con la Luna en Leo. Eres maravilloso, original y magnético y no puedes evitar ser alguien que busca la atención. Al igual que todos nos sentimos más radiantes, alegres y despreocupados cuando brilla el Sol, tú también te sientes más feliz, positivo y mejor en general contigo mismo cuando disfrutas del radiante resplandor de los focos.

## Tu corazón acogedor

Eres carismático y espontáneamente afectuoso, y tienes un corazón amable y generoso. Tienes una personalidad brillante y radiante, con una gran sonrisa y una pasión contagiosa por la vida. Eres un gran organizador y un líder nato, y posees cualidades magnéticas, además de dignidad, orgullo y un porte aristocrático que las personas que hay a tu alrededor no pueden evitar querer conocer y amar.

Posees un atractivo irresistible con el que los demás se entusiasman de inmediato, y esto es algo afortunado, ya que ser querido tiene una importancia crucial para ti; y ser popular, admirado, elogiado y que te den palmaditas en la espalda es fundamental para tu bienestar. Al igual que el Sol que gobierna tu signo lunar, necesitas sentir que te encuentras en el centro de las cosas. Ser ignorado, olvidado o apartado del camino a codazos, equivale a que el Sol se pusiese en tu mundo y la oscuridad de la noche entrara en tu alma.

**Fundamentos emocionales:** romántico, generoso, cariñoso, osado, juguetón, egocéntrico, eufórico.

## La Luna en Leo...

### ... Amistad

Eres generoso y es divertido estar contigo, eres popular y le gustas a todo el mundo. Eres conocido por tu amabilidad y siempre estás dispuesto a echar una mano.

### ... Familia

No puedes evitar consentir a tus hijos. Las normas y el aspecto son importantes para ti, por lo que te asegurarás de que vistan bien, tengan el mejor aspecto posible y se comporten como ángeles. Llenas sus extraescolares de lecciones de baile, música y teatro, y siempre estás ahí, entre el público, para aplaudir y para secarte en secreto tus lágrimas de orgullo.

### ... En el lugar de trabajo

¡El mundo entero es tu escenario! Para sentirte satisfecho en el trabajo necesitas reconocimiento por tus esfuerzos. No eres feliz en un puesto modesto, pero brillas cuando te dan estatus. Pese a ello, idealmente, preferirías ser el jefe.

### ... En el amor

Tu Luna es apasionada y cálida. Eres proclive al melodramatismo emocional ocasional. Eres, en conjunto, cariñoso y generoso, y eres verdaderamente feliz en una relación íntima. Eres fiel a la persona a la que amas y tiendes a poner a tu pareja en un pedestal.

## Tabla lunar del amor

Tu Luna en Leo con su Luna o Sol en…

**¿UN BUEN EMPAREJAMIENTO?**
◗ Espinoso.
◗◗ Posible.
◗◗◗ Prometedor.
◗◗◗◗ Apasionado.
◗◗◗◗◗ Perfecto.

◗◗◗◗◗ **Aries.** Existe una atracción natural en esta asociación, y el sexo es bueno también.

◗◗ **Tauro.** Una combinación complicada. Sois los dos inflexibles y eso no es una buena señal.

◗◗◗◗ **Géminis.** ¡Brillante! Esta es un emparejamiento amoroso efervescente.

◗◗◗ **Cáncer.** Los dos sois fieles y leales.

◗◗◗◗◗ **Leo.** ¡Fabuloso! Formáis una pareja original que disfruta de la buena vida.

◗ **Virgo.** Este emparejamiento es despiadado.

◗◗◗◗ **Libra.** Los dos constituís la unión más afectuosa posible.

◗◗ **Escorpio.** ¡Cierra la escotilla! En esta asociación, el clima tormentoso está por venir.

◗◗◗◗◗ **Sagitario.** Con una química así de buena estáis hechos el uno para el otro.

◗ **Capricornio.** Demasiado peligroso para ti. Te encuentras fuera de tu zona de confort en esta relación.

◗◗◗ **Acuario.** Combinad vuestros esfuerzos y juntos lo pasaréis genial.

◗◗ **Piscis.** Enamorado, soñador y romántico… pero… ¿es esto, en su conjunto, demasiado bueno para durar?

# VIRGO

## LA DIOSA DEL MAÍZ LUNAR

Mercurio, el planeta así nombrado por el dios de la medicina y el bienestar, gobierna tu signo lunar, razón por la cual probablemente tiendas a preocuparte más que la mayoría de la gente por los temas relativos a la salud. Mantenerte en forma, preocuparte por los demás y asegurarte de que tu familia consuma una dieta nutritiva y equilibrada suponen prioridades desde tu punto de vista.

La asociación de la Luna con el agua significa que encuentra afinidad con los signos de Tierra como Virgo. La tierra necesita agua para generar condiciones fértiles, pero el equilibrio debe ser el correcto: demasiada agua convierte un campo en barro, pero con demasiado poca el suelo permanece yermo. Tú también tendrás que esforzarte por dar con el equilibrio físico, mental y emocional correcto. Estar desequilibrado te hace sentir mal y puede conducirte a obsesiones y complejos; pero cuando todo está en armonía, haber nacido con la Luna en Virgo te asegura que llevarás un vida feliz y sana.

### Tu corazón solícito

Tienes los pies en la tierra y trabajas duro, y eres uno de los triunfadores en la vida, con normas que exigen la perfección. Amas a tu familia y eres un sostén honesto y profundamente solícito, pero también eres aprensivo. Te preocupas si las cosas no son como crees que deben ser y te preocupas en exceso por detalles por los que los demás ni siquiera pestañearían. También te preocupas por el hecho de enamorarte porque tienes, en esencia, miedo a que te hagan daño.

Eres un organizador por excelencia, eres brillante creando orden a partir del caos. Eres intelectualmente agudo y emocionalmente astuto, y nada escapa a tu atención. Tu capacidad para el estudio, tu paciencia y tu talento para la investigación te llevarán lejos en la vida. Además, tu enfoque solícito, especialmente por aquellos a quienes quieres, te aportará un gran respeto y muchos seguidores devotos.

**Fundamentos emocionales:** tímido, listo, cultivado, alentador, amante de la naturaleza, tendente a la ansiedad, meticuloso.

## La Luna en Virgo...

### ... Amistad

Aunque puede que la gente piense, al principio, que eres frío, una vez que se haya roto el hielo, te vuelves acogedor para convertirte en un aliado acérrimo, y eres apreciado por tu sentido común. Eres listo y tienes confianza en ti mismo, tienes una eficacia apacible y eres un maravilloso amigo en momentos de crisis.

### ... Familia

Eres muy quisquilloso con los detalles: manos limpias, habitación ordenada. Eres muy alentador, y siempre estás ahí para ayudar con las tareas escolares, además de animar a tus hijos para que sigan estudiando, enseñándoles que el éxito llega con el trabajo duro.

### ... En el lugar de trabajo

Eres meticuloso y concienzudo, y pocos pueden igualar tus talentos organizativos. Eres valorado por tu ojo de lince para los detalles, y eres muy adecuado para aquellas ocupaciones en las que el juicio analítico es esencial.

### ... En el amor

Eres, en esencia, tímido y precavido, y no te enamoras con facilidad. Cuando lo haces, te tomas en serio tus relaciones y tus promesas. Un compañero despreocupado que pueda hacerte reír y relajarte es la media naranja ideal para ti.

## Tabla lunar del amor

Tu Luna en Virgo con su Luna o su Sol
en…

**¿UN BUEN EMPAREJAMIENTO?**
◐ Espinoso.
◐◐ Posible.
◐◐◐ Prometedor.
◐◐◐◐ Apasionado.
◐◐◐◐◐ Perfecto.

◐◐ **Aries.** Sólo si queréis vivir al límite. Ésta podría ser una relación
peligrosa.

◐◐◐◐◐ **Tauro.** Esta relación cariñosa
florecerá y alcanzará su plenitud a la perfección.

◐◐◐ **Géminis.** Intelectualmente estáis bien juntos, pero por lo
demás, este signo es demasiado superficial para ti.

◐◐◐◐ **Cáncer.** Una apuesta segura: esta relación es maravillosamente
estable.

◐ **Leo.** Esta podría ser una montaña rusa emocional que resulte
incómodamente dramática.

◐◐◐◐ **Virgo.** En cuando a vuestra forma de pensar, trabajar y amar,
sois como dos gotas de agua.

◐ **Libra.** Una asociación que es demasiado poco realista como
para durar.

◐◐◐ **Escorpio.** Podía ser interesante, ¿pero durante cuánto tiempo?

◐ **Sagitario.** Aléjate de este emparejamiento. Vuestros mundos
son, simplemente, polos opuestos.

◐◐◐◐◐ **Capricornio.** Encantador. Aquí encontrarás tranquilidad para
tu corazón.

◐◐ **Acuario.** Las diferencias éticas os separan.

◐◐◐ **Piscis.** Si estáis los dos preparados para dar y recibir, este emparejamiento de opuestos podría tener éxito.

# LIBRA
## LA BALANZA LUNAR

Eres realmente afortunado por haber nacido con la Luna en este signo. Como una piedra preciosa que ha sido pulida y lustrada para que brille en todo su esplendor, aquí, las influencias amables y refinadas de Libra pulen cualquier tosquedad emocional.

Libra pertenece a los elementos del grupo de Aire, mientras que la Luna está relacionada con el agua. Cuando el aire y el agua se unen, dan lugar a una brisa suave y húmeda que refresca el más caluroso de los días. Mediante tus habilidades diplomáticas también dispones de la capacidad de reducir la temperatura de la gente implicada en discusiones acaloradas con emociones implicadas: eres un negociador excelente, siempre dispuesto a equilibrar puntos de vista opuestos y a ver la otra cara de la moneda.

Libra está regido por Venus, que es la diosa no sólo del amor, sino también de la suerte y la belleza. La imagen es crucial para ti, influyendo tanto en cómo vistes y te presentas como en tu valoración de los demás. Este signo lunar te bendice con elegancia y aplomo, con unas buenas maneras y, en especial, con un abundante encanto.

## Tu corazón amistoso

Venus y la Luna son armoniosamente proclives el uno al otro, ya que cada uno de ellos posee una «feminidad» esencial. Esto te proporciona tu naturaleza plácida y receptiva, que te hace ser tan amigable y relajado.

La estabilidad emocional es crucial para ti. Medras cuando estás asentado, cuando disfrutas con tu trabajo y cuando sintonizas con tu pareja y vives en un entorno agradable. Los entornos poco hospitalarios, las discusiones y el desorden alteran tus sensibilidades. Lo que buscas es una vida fácil, placentera y con caprichos y, con esta afortunada Luna, hay muchas probabilidades de que lo consigas.

**Fundamentos emocionales:** afable, encantador, sociable, discreto, equilibrado, indeciso, evasivo.

## La Luna en Libra…

### … Amistad

Tienes un encanto arrebatador, por lo que no es de sorprender que la gente encuentre fácil llevarse bien contigo. Eres inteligente y cautivador, eres un conversador encantador y un excelente oyente. Eres más feliz entre gente sofisticada y en entornos agradables.

### … Familia

Independientemente de cuántos hijos tengas, eres imparcial. Esperas que tus retoños vayan arreglados y que vistan y hablen con corrección. Administrar castigos no es fácil para ti y frecuentemente te alejarás de una discusión.

### … En el lugar de trabajo

Aléjate de los entornos desagradables y, en lugar de ello, apunta hacia una oficina lujosa en una ubicación de primera. Los colegas buscarán tu sentido del juego limpio siempre que una situación requiera de una valoración analítica.

### … En el amor

Nunca serás más feliz que en una relación íntima, pero te llevará tiempo decidirte sobre con quién comprometerte. El aspecto es importante para ti, por lo que te enamorarás de alguien bello y bien vestido.

## Tabla lunar del amor

Tu Luna en Libra con su Luna o Sol en…

◑◑ **Aries.** Complicado, pero vale la pena darle una oportunidad. Esta pareja te complementa bien.

◑◑◑ **Tauro.** Juntos podéis disfrutar de las mejores cosas de la vida.

◑◑◑◑◑ **Géminis.** ¡Atracción animal! Instintivamente, los dos os sentís atraídos mutuamente.

◑ **Cáncer.** ¡Demasiado inseguro! Esta relación alterará tu sentido del equilibrio cuidadosamente protegido.

◑◑◑◑ **Leo.** ¡Encantador! Tenéis muchos intereses complementarios que compartir el uno con el otro.

◑◑ **Virgo.** ¡Qué lástima! ¡No! Esta relación es demasiado exigente como para describirla con palabras.

◑◑◑◑◑ **Libra.** Sois felices con vuestra compañía mutua y, además, sois compatibles.

◑◑◑ **Escorpio.** Esto podría ser duro. Vigila con la guerra de voluntades.

◑◑◑◑ **Sagitario.** Una unión de lo más agradable y placentera.

◑ **Capricornio.** Esta asociación es genial para los negocios, pero puede que no sea tan maravillosa para el amor.

◑◑◑◑◑ **Acuario.** Un encuentro de corazones y almas.

◑◑◑ **Piscis.** Sensible, creativo y romántico. ¡Estáis tan en sintonía!

# ESCORPIO
## EL ESCORPIÓN LUNAR

La tuya es una Luna poderosa: profunda, oscura y motivada. Escorpión es un signo intensamente reservado y discreto. La Luna es cambiante y variable; a veces está eufórica y a veces deprimida. Al combinarse, las dos dan lugar a una presencia pensativa.

Tanto la Luna como Escorpión están relacionados con el elemento Agua. Con esta combinación, tus sentimientos exigen un control sobrehumano. Los pensamientos, los recuerdos y las emociones se precipitan sobre ti como una tempestad, como una avalancha con corrientes que te arrastran. Aquí hay deseo y, como un río que nunca deja de fluir, una búsqueda constante de la respuesta que resolverá lo que estás buscando.

Eres un psicólogo nato y tienes muy buena mano para ver a través de la gente y las situaciones. Esto significa que sabes cómo mover las cuerdas adecuadas y presionar los botones correctos. Gobernado por Plutón, el planeta de la regeneración, eres como el ave fénix, que puede resurgir de sus cenizas y regenerarte a voluntad.

## Tu corazón apasionado

Tienes algo magnéticamente atractivo: rebosas sexualidad. No obstante, también tienes misterio, lo que te hace proclive a la introspección. Eres una persona reservada y te tomas a ti mismo y a tu vida en serio. Las emociones son blancas o negras para ti, y rara vez son relajadas o cómodas. En un cierto momento tus sentimientos tenderán a alcanzar la cima de la euforia, y al siguiente se hundirán hacia el abismo de la desesperanza. A aquellos que te conocen y te quieren les entregas toda tu lealtad, y a cambio exiges el mismo compromiso por parte de ellos. Puede que seas proclive a los celos y que nunca olvides una traición.

**Fundamentos emocionales:** apasionado, completamente comprometido, leal, exclusivo, intenso, celoso, taciturno.

## La Luna en Escorpio...

### ... Amistad

La gente se siente atraída por tu forma de ser inteligente y satírica; pero no tienes tiempo para la gente estúpida y eres selectivo con tus amigos. Te guías por la lealtad y el respeto.

### ... Familia

Estás totalmente dedicado a tu familia y puedes ser sobreprotector. Quieres a tus hijos apasionadamente, pero esperas obediencia y respeto. Permitir a tus hijos una mayor libertad para experimentar y explorar reducirá las potenciales batallas de voluntades en su adolescencia.

### ... En el lugar de trabajo

Si existe la necesidad de llegar al fondo de un misterio, ahí estarás. Tu fijación implica que una vez que tomes el control de la situación, rara vez lo soltarás. Con tu firme coordinación visomotora sobresaldrás en el manejo de herramientas de precisión.

### ... En el amor

Los miembros del sexo opuesto se ven atraídos magnéticamente por tus encantos. Tu necesidad de discreción se suma a tu mística e incrementa tu potente libido. En el amor se trata de todo o nada, y una vez que comprometas tu afecto será para toda la vida.

# Tabla lunar del amor

Tu Luna en Escorpión con su Luna o Sol en…

**¿UN BUEN EMPAREJAMIENTO?**
◑ Espinoso.
◑◑ Posible.
◑◑◑ Prometedor.
◑◑◑◑ Apasionado.
◑◑◑◑◑ Perfecto.

◑◑◑◑ **Aries.** Ésta puede ser una relación gratificante a pesar de los dramas emocionales.

◑◑◑ **Tauro.** Puede que seáis polos opuestos, pero tú tienes lo que hace falta para que esta relación funcione.

◑ **Géminis.** Un emparejamiento amoroso difícil.

◑◑◑◑◑ **Cáncer.** ¡Maravilloso! Os respondéis de forma intuitiva el uno al otro.

◑◑◑ **Leo.** En esta asociación saltarán las chispas, tanto de forma negativa como positiva.

◑◑◑ **Virgo.** Una relación que es de apoyo mutuo a pesar de vuestros deseos siempre fluctuantes.

◑◑ **Libra.** Este emparejamiento conduce a una relación intermitente.

◑◑◑◑◑ **Escorpio.** Juntos sois fuertes, potentes, dinámicos, intensos y, sencillamente, maravillosos.

◑◑ **Sagitario.** En el mejor de los casos esta es una unión volátil.

◑◑◑◑ **Capricornio.** Una relación romántica satisfactoria.

◑◑◑ **Acuario.** Esta asociación resultará cordial pero inquietante.

◑◑◑◑◑ **Piscis.** ¡Perfecto! Los dos formaréis unos lazos intensos y duraderos.

# SAGITARIO

## EL ARQUERO LUNAR

El fuego y el agua están mezclados en cantidades copiosas en tu signo lunar. Juntos, los dos generan grandes nubes de vapor caliente que ascienden siempre hacia el cielo. Y, al igual que esas nubes, la Luna en Sagitario está en constante movimiento, buscando lo que sea que esté justo fuera de alcance o a la vuelta de la siguiente esquina.

Júpiter, jovial y con un gran corazón, es el regente de tu Luna, bendiciéndote con una propensión al trato fácil y un deseo de vivir la vida al máximo. Como las consignas de Júpiter son «piensa más en grande» y «cuantos más, mejor», es una consecuencia natural que se te haya dado una pasión tan enorme: tomas mucho más de lo que puedes abarcar, te llevas a ti mismo al límite y trabajas sin descanso. Curiosamente, y contra todas las expectativas, pareces superar las dificultades y tener éxito allá donde mortales inferiores fracasarían.

### Tu corazón que se eleva

La vida es demasiado corta para perder el tiempo con los detalles. Con tu amor por los paseos y la lectura, evitas los lazos que obstaculizan o entorpecen tu libertad. Para ti, el mundo está lleno de emoción, retos y tentaciones. Mientras haya variedad y aventuras en tu vida, experiencias nuevas de las que disfrutar cada día y horizontes lejanos que resulten atractivos (intelectual, emocional y físicamente), tu espíritu estará eufórico.

Eres tranquilo y amigable, y eres un alma afable que tener cerca. Te gusta la compañía, pero valoras mucho tu propio espacio, y nunca quieres estar emocionalmente acorralado. Con tu positividad, la buena suerte siempre llama a tu puerta.

**Fundamentos emocionales:** de trato fácil, entusiasta, amigable, filosófico, comprensivo, intranquilo, poco diplomático.

## La Luna en Sagitario...

### ... Amistad

La gente no puede evitar responder ante tu amplia sonrisa, que la deja desarmada. Tienes un don natural para iluminar hasta el más plomizo de los días. Siempre tienes una historia divertida que explicar, y proporcionas una alegría instantánea a cualquiera con quien estés.

### ... Familia

Ser tan simpático, tolerante y amante de la diversión te convierte en un padre de trato fácil. Eres un apasionado de la educación y transformas la mayoría de las actividades en situaciones para aprender. Eres tranquilo e informal y aborreces las rutinas estrictas.

### ... En el lugar de trabajo

Filosófico y previsor, sobresales en ocupaciones que te permiten tener una visión más amplia, pero, invariablemente, te haces cargo de más de lo que deberías. Eres un instructor, orador y demostrador nato.

### ... En el amor

Es tu forma de ser despreocupada la que te hace tan atractivo. Como compañero eres juguetón y afectuoso, pero estar atado de manos te pone nervioso. Necesitas a una pareja inteligente que reconozca tu necesidad de espacio personal.

## Tabla lunar del amor

Tu Luna en Sagitario son su Luna o Sol en…

¿UN BUEN EMPAREJAMIENTO?
◐ Espinoso.
◐◐ Posible.
◐◐◐ Prometedor.
◐◐◐◐ Apasionado.
◐◐◐◐◐ Perfecto.

◐◐◐◐◐ **Aries.** Una asociación con mucha calidez maravillosa y mucho entusiasmo que compartir.

◐ **Tauro.** Ninguno de los dos querrá cambiar para adaptarse a las necesidades y los deseos del otro.

◐◐◐ **Géminis.** Sorprendentemente, tenéis más en común de lo que parece a primera vista.

◐◐ **Cáncer.** Estos lazos de amor pueden acorralarte.

◐◐◐◐◐ **Leo.** ¡Perfecto! Una verdadera unión por amor en todos los sentidos.

◐ **Virgo.** Tu naturaleza ardiente encuentra que esta pareja es demasiado fría como para que la relación tenga éxito.

◐◐◐◐ **Libra.** Los dos constituís una receta interesante para el amor.

◐◐ **Escorpio.** Los intensos estados de ánimo de esta pareja te agotarán.

◐◐◐◐◐ **Sagitario.** Un entendimiento profundo e instintivo os une.

◐ **Capricornio.** Demasiado distantes. Vuestras necesidades internas son polos opuestos.

◐◐◐◐ **Acuario.** Os valoráis mucho el uno al otro.

◐◐◐ **Piscis.** Espiritualmente, los dos sois ideales; pero en cuanto a los aspectos prácticos, sois incompatibles.

# ♑

# CAPRICORNIO

## LA CABRA MONTÉS LUNAR

Capricornio pertenece al elemento Tierra: es sensato y práctico. Aunque la Luna está relacionada con el agua, lo que debería proporcionar humedad para engendrar vida vegetal, en este caso la tierra no es tanto el jardín fértil de Tauro, ni el suelo friable de Virgo, sino que es la roca firme sobre la que asentamos nuestros cimientos.

El tuyo es uno de los signos lunares más laboriosos, y puede decirse que es el más ambicioso de todos ellos. Aspiras a la posición y la riqueza, y trabajas diligentemente para alcanzar tu objetivo. Puede que te lleve toda la vida, pero como estás gobernado por Saturno, que es el Padre del Tiempo, tienes la paciencia de tu lado. Lentamente, a través de verdadero trabajo duro, desarrollas tu reputación, e inviertes tu dinero sabiendo que un día, como la cabra montés, con su paso seguro y que representa a tu signo lunar, alcanzarás la cima.

### Tu corazón fiable

Eres emocionalmente sólido y robusto, y para ti la vida es un asunto serio. Con Saturno, dirigente de la disciplina y la estructura, gobernando a tu signo lunar, es algo natural para ti situar el deber y la responsabilidad por delante de tu propio placer y felicidad. Al igual que todos los signos de Tierra, eres fundamentalmente lógico. Tu cabeza gobierna a tu corazón siempre.

Existe un peligro, al conocer a gente nueva por primera vez, de que puedas dar la impresión de distante. Para los desconocidos puedes parecer excesivamente precavido desde el punto de vista emocional. Sin embargo, cuando se te llega a conocer, la gente descubre tu delicioso sentido del humor, además de lo agudo e irónico que puedes ser. Eres más maduro de lo que corresponde a tu edad y eres de fiar, sofisticado y sabio.

**Fundamentos emocionales:** alentador, responsable, buen sostén de la familia, maduro, sensato, reservado, distante.

## La Luna en Capricornio…

### … Amistad

Para aquellos que llegan a conocerte, eres un amigo leal: alguien capaz de proporcionar un afecto verdadero y genuino. El ser alguien que sabe escuchar te hace popular, y tu sentido del humor irónico es, simplemente, una verdadera delicia.

### … Familia

Eres un gran creyente en las normas, lo que te convierte en un padre supereficiente en un hogar que funciona como una máquina de precisión. Te hinchas de orgullo cuando tus hijos trabajan duro para triunfar y ser mejores.

### … En el lugar de trabajo

Eres maduro y responsable, y te tomas tus obligaciones muy en serio y trabajas muchas horas. Eres enormemente ambicioso y tu deseo de sobresalir puede convertirte en un adicto al trabajo.

### … En el amor

Eres práctico y sensato, y no tienes tiempo para sentimentalismos ni juegos emocionales estúpidos. En lugar de ello, adoptas un enfoque sólido con respecto al amor, pero debido a esto pareces frío y distante. Emparejarte con alguien que sea un compañero tanto de negocios como íntimo es tu ideal.

## Tabla lunar del amor

Tu Luna en Capricornio con su Luna o Sol en…

◗◗◗      **Aries.** Ésta es una combinación conflictiva, pero vale la pena intentarlo.

◗◗◗◗◗    **Tauro.** Aquí puede florecer un profundo amor, cariño y respeto.

◗          **Géminis.** Demasiado inconstante. Esta relación te hace sentirte demasiado inseguro.

◗◗◗      **Cáncer.** Puede que seáis polos opuestos, pero juntos podéis disfrutar haciéndoos ricos.

◗◗◗      **Leo.** Desafiante, pero bajo las circunstancias adecuadas podríais ser buenos el uno para el otro.

◗◗◗◗◗    **Virgo.** Este asunto del corazón está predestinado a suceder.

◗          **Libra.** Los desacuerdos os separarán.

◗◗◗◗     **Escorpio.** ¿Os ha caído un rayo encima? Ésta es una atracción completamente espontánea: ¡Es amor a primera vista!

◗          **Sagitario.** Esta relación sólo funcionará con una gran dosis de esfuerzo y comprensión.

◗◗◗◗◗    **Capricornio.** Juntos conseguiréis muchas cosas.

◗◗        **Acuario.** No concordáis desde el punto de vista filosófico.

◗◗◗      **Piscis.** Aquí hay mucho bienestar para dar y compartir.

# ACUARIO

## EL AGUADOR LUNAR

A pesar de que el cántaro con agua simboliza tu signo lunar, Acuario está regido por el elemento Aire. Todos los signos de Aire están relacionados con el intelecto. La Luna, aparte de regir las emociones y los estados de ánimo, gobierna la imaginación, sondeando en profundidad nuestros procesos de pensamiento y conectando a la mente con el inconsciente colectivo. Tu Luna en Acuario te proporciona la visión para ir al grano con las pretensiones y la burocracia que limitan el florecimiento de nuevas ideas.

Ésta es una Luna alocada. En este signo, el aire y el agua se mezclan como la espuma de un vaso de cerveza que te hace cosquillas en la nariz mientras le das un sorbo. La Luna en Acuario es anticonvencional, continuamente sorprendente, un gusto adquirido. Es una infusión inesperadamente embriagadora que libera tensiones y, pese a ello, también estimula los sentidos.

### Tu corazón valiente

En Acuario, la Luna se encuentra en territorio creativo fértil: original, con una visión a largo plazo y orientada hacia el futuro. Ir tan por delante con tu forma de pensar puede hacerte parecer emocionalmente errático, pero tu capacidad para resolver problemas puede, en ocasiones, hacerte ganar el estatus de genio. Además, de cualquier forma, no puedes evitar ser diferente.

En las relaciones, eres el signo del zodíaco más abierto de mente. Eres espontáneo, original e ingenioso, y nunca temes experimentar y abrir nuevos caminos. Puede que seas controvertido, pero también eres tolerante y abierto de mente con los demás: en conjunto eres un muy bienvenido soplo de aire fresco.

**Fundamentos emocionales:** amigable, sincero, original, experimentador, tolerante, distante, excéntrico.

## La Luna en Acuario...

### ... Amistad

Eres amistoso y sociable, y nunca eres más feliz que cuando estás rodeado de mentes similares. Tus amigos son como tu familia para ti. A veces eres reflexivo y a veces el alma de la fiesta: esto simplemente forma parte de tu naturaleza impredecible.

### ... Familia

Los términos experimentador, heterodoxo y despreocupado resumen tus ideas sobre la crianza y educación de tus hijos. Animas a tus retoños a explorar su mundo y a pensar por sí mismos. Aunque eres bastante laxo con la disciplina, insistes en la completa honestidad.

### ... En el lugar de trabajo

Independientemente de tu ocupación, si hay espacio para la innovación lo encontrarás. Eres ingenioso, probarás cualquier cosa nueva y puedes ver más allá del presente, por lo que siempre llevas la delantera.

### ... En el amor

El mero hecho de que no te guste dar abrazos, no quiere decir que no seas cariñoso. Para ti el amor es una expresión intelectual basada en la confianza y unos intereses mutuos. No sufres ataques de celos: de hecho, una relación informal es tu ideal.

# Tabla lunar del amor

Tu Luna en Acuario con su Luna o Sol
en…

◑◑◑ **Aries.** Una asociación que es independiente, aventurera e interesante.

◑ **Tauro.** ¡Falta chispa! Demasiado impasible para ti por mucho.

◑◑◑◑◑ **Géminis.** Un amorío tentador que podría durar toda la vida.

◑ **Cáncer.** Francamente, puede que encuentres esta relación un poquito aburrida.

◑◑◑ **Leo.** Puede que seáis polos opuestos, pero podríais disfrutar de verdad juntos.

◑◑ **Virgo.** Hacéis buena pareja intelectualmente, pero vuestras ambiciones terrenales se encuentran en polos opuestos.

◑◑◑◑◑ **Libra.** Una relación por amor que es muy elegante, sofisticada y cosmopolita.

◑◑◑ **Escorpio.** ¡Ten cuidado! Los celos de esta pareja te cortarán, inevitablemente, las alas.

◑◑◑◑ **Sagitario.** ¡Interesante! Este emparejamiento proporciona una fascinante unión de mentes.

◑◑ **Capricornio.** Deberéis aceptar vuestras diferencias si queréis hacer que esta relación funcione.

◑◑◑◑◑ **Acuario.** Ideal. Este emparejamiento es siempre ingenioso, inteligente y fácil.

◑◑◑ **Piscis.** Os encontráis el uno con el otro en un nivel superior de entendimiento.

# PISCIS

## EL PEZ MARINO LUNAR

El Agua es tu elemento emocional: desde un lago tranquilo y una cascada centelleante hasta el mar embravecido, tus sentimientos avanzan y cambian, inundándote como si se tratara de olas gigantescas. Como eres sensible, siempre eres consciente de los sentimientos de los demás. Éste es un signo lunar femenino y mutable, lo que significa que eres feliz fluyendo con la marea cambiante. Eres un alma de mentalidad mística a la que le encanta una vida tranquila y serena.

Haber nacido con la Luna en Piscis significa que eres bondadoso. Independientemente de la imagen que presentes al mundo, en el fondo eres sensible, cariñoso y compasivo. Es esta empatía espontánea la que te convierte en un terapeuta nato, encaminándote hacia las profesiones relativas a la sanación. Eres genial escuchando problemas y asesoras con una comprensión infinita. Los demás te encuentran muy reconfortante y tranquilizador: todos se sienten mejor cuando estás ahí.

## Tu corazón idealista

Tu signo lunar está representado por un par de peces atados juntos, pero que pese a ello nadan en direcciones opuestas. Esta imaginería expresa tus emociones contradictorias, que te hacen reír en un momento dado y llorar al siguiente. Estás frecuentemente dividido entre la fantasía y la realidad, el amor y el deber, el cielo y el inferno. Además, del mismo modo en que los peces están unidos el uno al otro, tú también te esfuerzas por tener una conexión profunda, y tu mayor deseo consiste en alcanzar una unión verdaderamente perfecta a través del amor.

Eres el más romántico del mundo y, cuando estás enamorado, el Sol brilla intensamente en tu alma. Eres cariñoso, afectuoso y leal, y una vez decidido, eres capaz de mantener viva la magia.

**Fundamentos emocionales:** sensible, compasivo, soñador, imaginativo, inspirador, idealista romántico, deseas complacer.

## La Luna en Piscis...

### ... Amistad

Las amistades están muy arraigadas, y estableces rápidamente vínculos intensos con las personas que te gustan; pero ten cuidado: tienes tendencia a ser demasiado bondadoso, y puede que la gente se aproveche de tu generosidad y humanidad.

### ... Familia

En el fondo eres un niño, y crear un país mágico de las maravillas para tus hijos es pura alegría. Adoras actuar y la fantasía, disfrazarte y la ficción, pero prefieres dejar la disciplina a otros, ya que la discordia y la falta de armonía te alteran enormemente.

### ... En el lugar de trabajo

Puede que la creatividad sea tu área de especialización, pero tu compasión se presta a las profesiones médicas o que proporcionan cuidados. A tus colegas les gusta tu lealtad. Como jefe, pones las necesidades emocionales de tus empleados en primer lugar. Haces restallar el látigo sutilmente apelando a los sentimientos de la gente.

### ... En el amor

Eres un poco fantasioso, y quieres el romance perfecto: alguien sobrehumano, sin defectos, ni imperfecciones ni taras. ¿Existe? Te gusta pensar que sí, pero puede que te lleve un tiempo encontrar a la pareja perfecta.

# Tabla lunar del amor

Tu Luna en Piscis con su Luna o Sol en…

◐◐ **Aries.** Emocionalmente hablando, los dos estáis en polos opuestos. ¿Puede que se trate de la agonía y el éxtasis?

◐◐◐ **Tauro.** Vuestros corazones abiertos se complementan el uno al otro de maravilla.

◐◐ **Géminis.** Tú eres emocionalmente sensible, y este signo también puede ser autosuficiente. Esto no tiene buena pinta.

◐◐◐◐◐ **Cáncer.** Dos corazones que son encantadoramente tiernos y sinceros prometen un emparejamiento ideal.

◐◐ **Leo.** Sois un par de románticos. ¿Podríais compartir sueños similares?

◐◐◐ **Virgo.** Seréis buenos compañeros y amigos.

◐◐◐ **Libra.** Los dos estáis buscando el amor. ¿Podríais, quizás, encontrarlo aquí?

◐◐◐◐◐ **Escorpio.** Vuestra atracción magnética os convierte en un equipo ideal.

◐ **Sagitario.** Las profundas divisiones generan resentimientos. Es un emparejamiento difícil.

◐◐◐◐ **Capricornio.** Sois realmente buenos el uno para el otro.

◐◐◐ **Acuario.** Puede que esta asociación no esté exenta de problemas, pero la fascinación mutua puede cimentar esta unión.

◐◐◐◐◐ **Piscis.** Un romance de ensueño, idealista y dichoso.

# LA ELECCIÓN DEL MOMENTO OPORTUNO PARA EL ÉXITO

El ciclo lunar divide cada mes en dos períodos de dos semanas (o quincenas). La primera quincena empieza con Luna nueva (la primera lunación), mientras que la segunda empieza con Luna llena (la segunda lunación). Desde la Luna nueva hasta la llena tenemos la fase creciente, cuando las energías aumentan, se desencadena el crecimiento y empiezan nuevos acontecimientos. Desde la Luna nueva hasta la llena tenemos el período menguante. Durante esta quincena, nuestras energías se reducen, nos cansamos más fácilmente y nos recogemos para volvernos más introspectivos.

La mayoría de los calendarios muestra los símbolos de las dos lunaciones, de forma que puedes comprobar cuándo se van a producir. Un círculo negro (●) representa la Luna nueva, y dos semanas después, un círculo en blanco (○) simboliza la Luna llena.

Las dos fases lunares se prestan a distintas actividades. Identificar las quincenas y sincronizarse con ellas nos permite acceder a estas fuerzas naturales sutiles pero poderosas. Por ejemplo, inicia un nuevo empeño durante la quincena creciente, cuando estamos deseosos ponernos a trabajar en las cosas, y el proyecto fluirá. Si lo inicias durante la segunda quincena, cuando el ímpetu flojea, llevará más tiempo completar la tarea.

# Trabajar con la Luna

Usa esta tabla para sincronizar tus actividades con la Luna creciente y menguante.

**Actividades para la quincena de Luna creciente**
*(desde Luna nueva a Luna llena)*

Lleva a cabo actividades de acumulación, crecimiento o animadas durante la quincena de Luna creciente.

- Inicia nuevos proyectos.
- Firma contratos y acuerdos.
- Córtate el cabello: crecerá más rápido si aborreces el estilo del corte.
- Obtén tratamientos médicos.
- Propón nuevas ideas.
- Postúlate para un nuevo trabajo.
- Inicia trabajos de construcción.
- Comprométete/cásate.
- Inicia un nuevo programa de ahorro.
- Planta flores y verduras.
- Entrevista a solicitantes de empleo.
- Anúnciate.
- Practica deportes.
- Redecora.
- Celebra una fiesta.

**Actividades para la quincena de Luna menguante**
*(desde Luna llena hasta Luna nueva)*

Lleva a cabo actividades de cambio, recorte o reposo durante la quincena de Luna menguante.

- Ponte a dieta.
- Soluciona el desorden y tira la basura.
- Córtate el cabello: crecerá lentamente, conservando así el estilo del corte.
- Depílate las cejas.
- Poda los árboles.
- Corta el césped.
- Lleva a cabo investigaciones.
- Soluciona las disputas con tus seres queridos.
- Transmite malas noticias.
- Sepárate o divórciate.
- Prepara conservas de mermeladas y encurtidos: no se echarán a perder.
- Organiza una cena íntima con tu pareja.
- Haz planes.
- Descansa más.

# APROVECHA LAS TENDENCIAS LUNARES AL MÁXIMO

Al Sol le lleva un año desplazarse a lo largo del zodíaco, pero la Luna circula por los doce signos en un mes, pasando sólo dos días y cuarto en cada uno de ellos. A medida que la Luna entra y sale de cada signo, «capta» influencias y desencadena en nosotros distintos estados de ánimo y respuestas. Emplea las tablas de las páginas del apartado «Cómo conocer tu signo lunar», y descubre qué signo lunar se encuentra en cualquier día dado, y comprende cómo te está influyendo. Con esta información puedes nadar a favor de la marea lunar, en lugar de contra ella.

## Cuando la Luna se encuentre en...

### ARIES

Presenta una solicitud para un empleo; apúntate a un club deportivo; haz que te corten el cabello con un nuevo estilo de peinado; ve a ver al óptico; compra objetos e instrumentos metálicos.

**Compra:** gafas de sol, sombreros, cuchillos, un coche.

**Viste de color:** rojo.

### TAURO

Comprueba tus extractos bancarios; inicia un nuevo proyecto creativo; planta un árbol; haz que te den un masaje; haz arreglos florales; relájate; mímate.

**Compra:** bufandas, perfume, semillas, música, chocolate, pasteles.

**Viste de color:** azul claro.

### GÉMINIS

Llama a tus amigos; organiza una reunión; ponte al día con la correspondencia retrasada; escribe un relato; aprende algo nuevo; visita a un hermano; entabla amistad con tus vecinos; firma un contrato comercial.

**Compra:** material de papelería; revistas; un libro nuevo; mapas; abonos de temporada.

**Viste de color:** amarillo.

## CÁNCER

Visita a tu madre; limpia tu casa; cocina una comida especial; lee un libro de historia; planta semillas; estudia tu linaje.

**Compra:** muebles antiguos, billetes para un crucero, provisiones.

**Viste de color:** blanco.

## LEO

Ve al cine; visita una galería de arte; pídele una cita a alguien especial; pasa tiempo practicando tu afición favorita; únete a tu grupo de teatro aficionado local.

**Compra:** entradas, espejos, joyas, regalos, juguetes para niños.

**Viste de color:** naranja rojizo.

## VIRGO

Pide cita con tu médico; acicala a tus mascotas; archiva tus papeles; reorganiza tu agenda; reforma la cocina; haz la limpieza profunda anual de tu hogar.

**Compra:** provisiones, productos de cocina, botiquín de primeros auxilios, artículos de aseo.

**Viste de color:** marrón terracota.

## LIBRA

Pídele la mano a tu pareja; cásate; forja acuerdos; contrata a un socio comercial; soluciona una disputa; fusiónate con una empresa.

**Compra:** un anillo de compromiso, un vestido de boda, flores.

**Viste de color:** rosa pastel.

## ESCORPIO

Ordena tu hogar; únete a la búsqueda de un tesoro enterrado; lee una novela de detectives; empieza a reformar una propiedad; paga tus impuestos; comprueba tus pólizas de seguros; busca información.

**Compra:** lencería, una pensión de jubilación, entradas para una experiencia en una *escape room*.
**Viste de color:** negro.

## SAGITARIO

Planifica unas vacaciones; matricúlate en un instituto o una universidad; asiste a una conferencia; ponte en contacto con gente que vive lejos; contrata a un abogado; da un largo paseo; visita una catedral.
**Compra:** material deportivo, recuerdos religiosos, guía de viajes.
**Viste de color:** púrpura.

## CAPRICORNIO

Actualiza tu currículum; reúnete con tu jefe; solicita un ascenso; mezcla los negocios con el placer; sal con amigos influyentes; preséntate a unas elecciones.
**Compra:** un traje formal, un reloj de diseño, las memorias de un político.
**Viste de color:** azul marino.

## ACUARIO

Reúnete con amigos; súbete a un globo aerostático; revisa tus metas; haz que calculen tu carta astral; reúnete con asesores; trabaja para el gobierno local.
**Compra:** ordenadores, equipamiento de alta tecnología, electrodomésticos.
**Viste de color:** azul eléctrico.

## PISCIS

Sométete a un tratamiento de pedicura; reserva un retiro; visita a personas en el hospital; ofrece tus servicios como trabajo de voluntariado; medita; haz donaciones a organizaciones de beneficencia; tómate un día de descanso; vete a la cama temprano.
**Compra:** calcetines, zapatos, botas, bebidas alcohólicas.
**Viste de color:** verdemar.

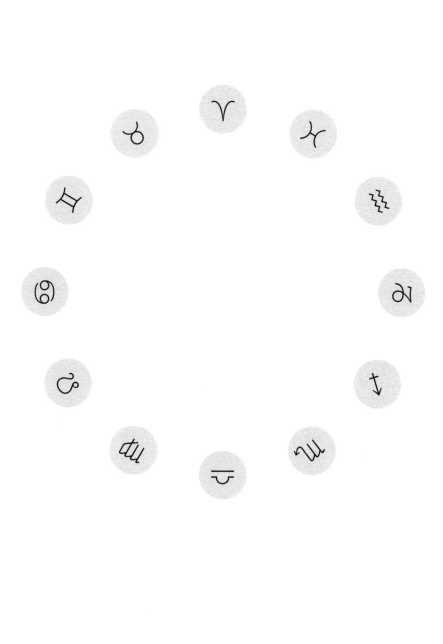

# LOS
# SIGNOS
# SOLARES

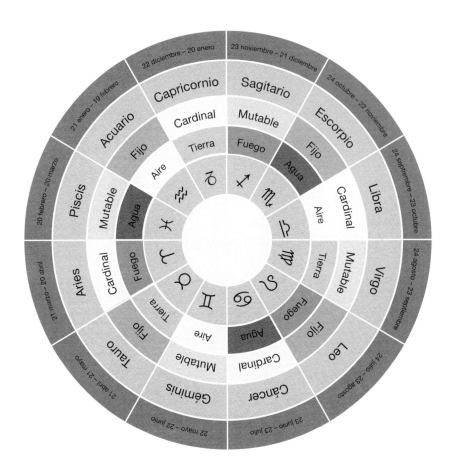

*Esta rueda muestra los doce signos solares y la época del año relaciona-da con cada uno de ellos. Tu signo solar es el perteneciente a la fecha de tu cumpleaños. Cada signo también tiene relacionada una cualidad y un elemento (véase el capítulo «Afinidades entre elementos») y un símbolo, también llamado glifo.*

# INTRODUCCIÓN A LA ASTROLOGÍA DE LOS SIGNOS SOLARES

Decirle a alguien que eres Libra, Virgo o Sagitario es, simplemente, una forma resumida de describir todo tipo de cosas sobre ti. Para empezar, tu signo astrológico nos dice en qué parte del cielo se encontraba el Sol en el momento de tu nacimiento; y como cada signo del zodíaco está relacionado con un cierto grupo de características. Tu signo solar proporciona una fotografía instantánea del tipo de persona que eres.

Al igual que la primavera, con su climatología apacible y el nuevo crecimiento, es distinta al invierno, con su frío gélido y los árboles sin hojas, Tauro es bastante diferente, en cuanto a su carácter, a Leo, Escorpio o Piscis. En esencia, tu signo solar es un espejo en el que verte reflejado y a través del cual aprender más sobre tus sueños, anhelos y motivaciones. Tu signo solar revela cómo te presentas ante el mundo y cómo eres percibido por los demás.

También vale la pena tener en mente que los signos solares vienen en pareja. Tu signo opuesto es, en esencia, la otra cara de tu moneda. Si, por ejemplo, eres Cáncer, quizás no coincides con todo lo que defiende Capricornio (y viceversa), pero, ciertamente, podríais aprender mucho el uno del otro. Por lo tanto, para completar el cuadro, echa también un vistazo a tu signo opuesto.

# Afinidades entre elementos

¿Te sientes en sintonía con tu pareja, estás en la misma onda que tu jefe, compartes intereses similares con tu hermana o te encuentras con que puedes debatir sobre tus sentimientos más íntimos con un amigo concreto? Si es así, es probable que se deba a que perteneces a la misma «familia» elemental. La gente que nace dentro del grupo de signos pertenecientes a un mismo elemento tiende a experimentar el mundo de formas parecidas y, por lo tanto, es más probable que se lleve bien. Tienden a ser similares en cuanto a su temperamento y se expresan de forma parecida, haciendo que la comunicación sea fácil y armoniosa.

En la astrología occidental hay cuatro elementos: Tierra, Aire, Fuego y Agua. La tabla que aparece en la parte superior de la siguiente página muestra qué signos solares pertenecen a qué elementos y cómo los elementos influyen en el temperamento de sus miembros.

Al igual que sucede con los elementos, ciertos signos se ocupan de las circunstancias de forma equivalente. Estos enfoques concretos frente a las situaciones agrupan a los signos en lo que se conoce como tres cualidades distintas: cardinal, fijo y mutable. La tabla que aparece a continuación muestra qué signos solares pertenecen a qué cualidad, y cómo cada grupo de cualidades aborda las situaciones para lograr sus objetivos.

## Los grupos de elementos

| TIERRA | FUEGO |
|---|---|
| **Signos:** ♉ ♍ ♑ | **Signos:** ♈ ♌ ♐ |
| **Temperamento:** Sólido, estable, práctico, ocupado y constructivo. | **Temperamento:** Cariñoso, ardoroso, apasionado y volátil. |
| AIRE | AGUA |
| **Signos:** ♊ ♎ ♒ | **Signos:** ♋ ♏ ♓ |
| **Temperamento:** Brillante, animado, comunicativo y sociable. | **Temperamento:** Sensible, creativo, receptivo e innovador. |

# Los grupos de cualidades

## CARDINAL

**Signos:** ♈ ♋ ♎ ♑

**Tu enfoque instintivo:** Sois los miembros del zodíaco que tomáis decisiones. Empezáis las cosas y no toleráis demoras. Una vez que ponéis en marcha un proyecto, sois felices delegando mientras asumís el siguiente reto.

## FIJO

**Signos:** ♉ ♌ ♏ ♒

**Tu enfoque instintivo:** Os proponéis una meta y persistís hasta que lo habéis conseguido. Puede que os resistáis a los cambios, pero trabajáis duro.

## MUTABLE

**Signos:** ♊ ♍ ♐ ♓

**Tu enfoque instintivo:** Sois brillantes aglutinando a la gente y las ideas. Os encanta la variedad. Sois flexibles, adaptables e innatamente versátiles.

# ARIES

### 21 marzo - 20 abril

Como signo que inicia el año astrológico, Aries representa los nuevos empeños y todas las cosas novedosas. Aquí es donde empieza el ciclo cósmico, con tu signo marcando el camino. No es de sorprender, pues, que te pongas impaciente si tienes que hacer cola para algo. Tu tendencia natural es la de irte directamente a la parte delantera.

Tu signo no sólo conduce al resto del zodíaco, sino que es el primero de los signos de fuego: caliente, apasionado, ardoroso y ansioso. Conocido por ser un signo «cardinal» (*véanse* las páginas del apartado «Afinidades entre elementos»), Aries está relacionado con la actividad. Haber nacido en este grupo te convierte en un pez gordo. Tradicionalmente, el símbolo que representa a tu signo representa los cuernos del carnero, la criatura que se dice que encarna las características de Aries. No obstante, el glifo podría también considerarse como las cejas y la nariz de un rostro, cosa que es de lo más apropiado, ya que tu signo gobierna la cabeza.

## Por qué eres tan caliente

Regido por Marte, planeta de energía y ambición, eres un líder nato y un pionero. Eres extrovertido y valiente, y posees una cualidad intrépida que los demás no pueden evitar admirar. La aventura siempre te atrae; allá donde haya un lugar que explorar, un océano que navegar o una montaña que escalar, ahí estarás tú. Si es nuevo, es emocionante; si es temerario encontrarás el reto completamente irresistible.

Para ti, Aries, que vas constantemente a la carrera, siempre hay mucho que hacer y muy poco tiempo para lograr todo lo que tienes en mente. Estás lleno de buenas ideas y eres un gran organizador, aunque en verdad no siempre acabas lo que empiezas.

Sin embargo, como iniciador del zodíaco, hay muchas cosas que simplemente no sucederían sin tu chispa apasionada y dinámica.

## Tú y tu...

### ... Trayectoria profesional

Eres competitivo y emprendedor, y quieres estar a la vanguardia. Busca trabajos que proporcionen ganancias rápidas y un cambio radical veloz: ventas, deportes, ingenierías o extinción de incendios.

### ... Vida hogareña y social

Las líneas rectas y la falta de florituras caracterizan tu hogar. Los artilugios te gustan, especialmente si te hacen ahorrar tiempo. Te encanta el bricolaje, pero si los proyectos se eternizan, es posible que pierdas el interés. Eres una persona deportista, y adoras el aire libre y hacer una barbacoa o jugar a fútbol con tus hijos.

### ... Salud y felicidad

Te ves afectado por cefaleas tensionales, y tu tendencia a ir deprisa y corriendo te predispone a cortes, cardenales y quemaduras accidentales. No obstante, ser físicamente activo te mantiene esbelto. Las vacaciones de aventuras y ganar en los deportes es lo que más te satisface.

### ... Vida amorosa

Has nacido con enormes cantidades de atractivo sexual y eres un imán para el sexo opuesto, pero te encanta la emoción del cortejo. Así, no es de sorprender que Aries tienda a tener muchas relaciones cortas antes de encontrar a la persona definitiva.

## Compatibilidad cósmica

¿Quién enciende tu pasión, Aries?

| SIGNOS DE TIERRA | **Bloquean tu motivación** |
|---|---|
| **Tauro** | Fuego lento |
| **Virgo** | Implica desafíos |
| **Capricornio** | Distintas necesidades |

| SIGNOS DE AIRE | **Estimulan tu fascinación** |
|---|---|
| **Géminis** | Te tiene en vilo |
| **Libra** | Un equipo prometedor |
| **Acuario** | Experiencia emocionante |

| SIGNOS DE FUEGO | **Proporcionan el emparejamiento perfecto** |
|---|---|
| **Aries** | Amorío sensual |
| **Leo** | Romance sólido |
| **Sagitario** | Fuerte atracción física |

| SIGNOS DE AGUA | **Te dejan debatiéndote en las profundidades** |
|---|---|
| **Cáncer** | Emocionalmente dependiente |
| **Escorpio** | Pasión que dura poco |
| **Piscis** | Exigente |

**Emblemas**
**Piedras natales:** granate, diamante, heliotropo
**Colores:** rojo, escarlata, carmín

# ♉

# TAURO

## 21 abril – 21 mayo

Tu signo es el segundo del zodíaco, y ser el segundo de la lista (un seguidor) es una posición en la que te sientes de lo más cómodo. Al contrario de Aries, que viene inmediatamente antes de ti en el año celestial, no te entusiasma dirigir al grupo. Más bien, al igual que el toro que representa a tu signo, eres sosegado y paciente… hasta que alguien agite un trapo rojo delante de tus narices.

El símbolo que representa a Tauro recuerda a la cabeza y los cuernos de un toro, aunque algunos consideran que representa los hombros y el cuello (las áreas anatómicas regidas por tu signo); y es cierto que, independientemente de lo delgado o esbelto que seas, tienes la capacidad de cargar con más peso de responsabilidad sobre tus hombros que muchas otras personas. Tu signo está regido por Venus, la diosa del amor, la belleza, la suerte y todas las cosas voluptuosas, por lo que eres, en esencia, receptivo y femenino.

### ¡Por qué eres tan soñador!

Pertenecer a este signo implica que eres sensual y te gustan los placeres. Eres dulce y de trato fácil, y es delicioso estar contigo. A la gente le encanta disfrutar de tu compañía, y siempre tendrás muchos amigos. Esto se debe a que haces que todos se sientan muy relajados, y porque saben que eres un gran cocinero. Siempre se puede confiar en ti para que proporciones una o tres raciones extra.

Pero aparte de eso, das mucho más. Eres firme y sensato, y siempre estás dispuesto a arremangarte y colaborar cuando alguien necesita que le echen una mano. Eres un organizador brillante (tanto si se trata de la fiesta de cumpleaños de un hijo, un mercadillo de venta de objetos de casa de los que queremos deshacernos o una cena de gala), sabes cómo ligar una situación complicada con un éxito sorprendente. También atraes la buena suerte y, ciertamente, tienes una capacidad mágica cuando se trata de ganar dinero.

## Tú y tu...

### ... Trayectoria profesional

Te gusta el trabajo práctico, especialmente si además es creativo, e independientemente de aquello de lo que te hagas cargo, lo llevas a cabo hasta el final (pero a tu propio ritmo). Trabajas duro y eres de fiar. Las trayectorias profesionales en propiedades, la banca y el diseño son buenas opciones.

### ... Vida hogareña y social

La seguridad se encuentra en la parte superior de tu lista: eso y una conciencia del lujo. Te ves atraído por los estilos clásicos en tonos suaves y terrosos. Para ti, la comida es aquello por lo que sientes más afecto, por lo que la cocina es para ti motivo de orgullo y alegría. Tener de visita a tus amigos y seres queridos es uno de tus mayores placeres.

### ... Salud y felicidad

El cuello es tu punto débil y eres proclive al dolor de garganta. Los Tauro tienden a engordar con facilidad, pero como adoras la música y el baile, los combinas y haces ejercicio al ritmo de tu música favorita para mantenerte esbelto.

### ... Vida amorosa

Puedes ser un ligón, pero te encantan los abrazos y que te colmen de elogios. Eres quisquilloso y le entregas tu corazón sólo a una pareja en la que puedas confiar. Una vez que te enamoras, eres firme y fiel.

## Compatibilidad cósmica

Así, ¿quién te deja sin aliento, Tauro?

| | |
|---|---|
| SIGNOS DE TIERRA | **Son tu pareja perfecta** |
| **Tauro** | Cariñoso y que comparte |
| **Virgo** | Sólido como una roca |
| **Capricornio** | Una combinación duradera |
| SIGNOS DE AIRE | **Parecen demasiado etéreos para tus necesidades prácticas** |
| **Géminis** | Demasiado voluble |
| **Libra** | El acuerdo mutuo da sus frutos |
| **Acuario** | Estremecedoramente no convencional |
| SIGNOS DE FUEGO | **Puede que sean demasiado difíciles de manejar** |
| **Aries** | Insostenible |
| **Leo** | Una atracción superficial |
| **Sagitario** | Trabajo duro |
| SIGNOS DE AGUA | **Están en perfecta armonía contigo** |
| **Cáncer** | La Tierra gira a tu alrededor |
| **Escorpio** | Un acierto o un fracaso |
| **Piscis** | Inseparables |

Emblemas

**Piedras natales:** esmeralda, cuarzo rosa, lapislázuli

**Colores:** rosa, azul celeste, verde haba

# GÉMINIS

## 22 mayo – 22 junio

Los Gemelos Celestiales, que son el símbolo de tu signo, describen, en gran medida, la dualidad de tu ser. Contigo tenemos dos cosas de cada, o eso parece. Puede que sea porque eres tan rápido en todo lo que haces que parece que estés aquí, allá y en todas partes. Temperamentalmente hablando puedes estar en la cima en un momento dado y hundido al siguiente. Géminis, simplemente te encanta tenernos en ascuas.

Puede que tu signo sea el tercero del zodíaco, pero como viene tras el carnero y el toro, eres el primer signo representado con una forma humana; y con Mercurio, el mensajero de los dioses, como tu regente, ¿es de sorprender que Géminis esté principalmente relacionado con la comunicación, los viajes y la educación? Eres rápido adaptándote, para hacer frente a un problema y para modificar tu estado de ánimo y tus opiniones, y tu mente está constantemente en movimiento, igual que el aire, que es el elemento al que pertenece tu signo.

### ¡Por qué eres tan despreocupado!

Géminis, eres un soplo de aire fresco. Eres brillante y alegre y, al ser tan agudo, eres una pasada. No hay ningún tema en el que no estés interesado, ni ninguno al que no puedas contribuir con un comentario. Eres un enorme activo en cualquier reunión o velada gracias a tu chispa y tus inagotables anécdotas.

Aunque eres básicamente inquieto, una vez que aprendes a centrarte y concentrarte, puedes conseguir el doble que cualquier otra persona y generalmente en la mitad de tiempo. Puedes ser el doble de afortunado, el doble de rico, el doble de exitoso…

Lo mejor de todo es que eres siempre joven. Que te tomen por un quinceañero en tu veintena puede resultar frustrante, pero parecer veinte años más joven cuando seas un sexagenario hará que los demás deseen haber nacido bajo tu signo.

### Tú y tu…
### … Trayectoria profesional

Nadie puede hacer muchas cosas al mismo tiempo como tú, por lo que la variedad es clave. Necesitas un lugar de trabajo lleno de ideas inteligentes. Las ventas se adaptan a ti, al igual que la educación y los medios de comunicación.

### … Vida hogareña y social

Tenue, espacioso y moderno: ese es tu tipo de entorno. Te cansas rápidamente de tu decoración, por lo que cambias frecuentemente el aspecto de tu hogar, deleitándote con las modas de interiorismo más recientes. Eres un fiestero vivaz: recibir a invitados y que te inviten son tus pasatiempos favoritos.

### … Salud y felicidad

Hay muchas probabilidades de que, si te haces daño, te lesiones las extremidades, especialmente tus brazos o manos. También eres propenso a padecer trastornos respiratorios: resfriados, toses, asma y bronquitis. ¿Quieres ser feliz y mantenerte sano? Duerme lo suficiente y respira aire puro.

### … Vida amorosa

La monotonía nubla tu ánimo, razón por la cual encuentras que comprometerte con una persona para toda la vida supone un problema realmente grande, pero si encuentras a alguien que sea tolerante, abierto de mente y divertido, sentarás cabeza alegremente.

## Compatibilidad cósmica

Así que, ¿qué te deslumbra, Géminis?

| | |
|---|---|
| SIGNOS DE TIERRA | **Te cortan las alas** |
| **Tauro** | Demasiado sensato |
| **Virgo** | Demasiado serio |
| **Capricornio** | Demasiado centrado |
| SIGNOS DE AIRE | **Sois un emparejamiento excelente** |
| **Géminis** | Pareja cordial |
| **Libra** | Amor relajado |
| **Acuario** | Diversión estimulante |
| SIGNOS DE FUEGO | **Te intrigan y captan tu atención** |
| **Aries** | Un amorío aventurero |
| **Leo** | Magnéticamente atractivo |
| **Sagitario** | Sorprendentemente bueno |
| SIGNOS DE AGUA | **Se agua la fiesta** |
| **Cáncer** | Demasiado casero |
| **Escorpio** | Una lucha |
| **Piscis** | Lágrimas antes de la hora de dormir |

**Emblemas**

Piedras natales: ágata, turmalina, citrino

**Colores:** amarillo pálido, blanco, magenta

# CÁNCER

### 23 junio – 23 julio

Tu signo, que es el cuarto en el ciclo del zodíaco, está representado por el cangrejo. El caparazón externo endurecido y el interior blando ilustran a la perfección tus tiernas emociones, que te gusta esconder bajo una capa externa protectora.

Algunos dicen que el símbolo de Cáncer se parece a las pinzas de un cangrejo y, dado tu carácter tenaz, esa analogía encajaría. Otros dicen que el símbolo representa unos pechos. Como Cáncer es el signo más maternal y cariñoso del zodíaco, esta imagen también parecería adecuada, más aún porque astrológicamente, tu signo está asociado a las áreas anatómicas del torso y el estómago.

El agua es el elemento al que pertenece tu signo, lo que potencia tu sensibilidad y receptividad; pero, por encima de todo, estás gobernado por el satélite de la Tierra: la Luna, con su forma cambiante. Al igual que pasa por cuartos crecientes y menguantes, tus estados de ánimo e impresiones cambian constantemente, respondiendo así compasivamente a la situación y las personas con las que te encuentres.

## ¡Por qué eres tan necesario!

Eres cálido y cariñoso, y es esa enorme sensibilidad tuya la que te permite sintonizar instantáneamente con las necesidades de otras personas, y tu magnífica memoria nunca olvida un rostro o una fecha importante, como el cumpleaños de un amigo.

Hablar del pasado es uno de tus pasatiempos favoritos, y pasarás felizmente una tarde con una tía muy querida recordando los viejos tiempos, o escuchando a un vecino mayor charlando sobre su niñez.

Siempre estás ahí para escuchar atentamente, sonreír o dar un apretón de manos.

En algunas situaciones, puede que seas tímido, pero no en los negocios. Tienes una buena cabeza para las finanzas, un buen olfato para una ganga y una vista certera para un objeto de coleccionismo que un día podría valer una fortuna.

## Tú y tu...

### ... Trayectoria profesional

Tu aguda memoria es uno de tus activos, ya que esto significa que puedes recordar fácilmente datos y cifras que otros olvidan. Esto es de utilidad en la profesión de la enseñanza, el sector financiero o el de las herencias. Los Cáncer son felices en todo tipo de situaciones domésticas: desde cocinar al diseño de interiores y la planificación urbana.

### ... Vida hogareña y social

Si eres un verdadero Cáncer, tu acogedor hogar es el centro de tu universo, y te encanta decorarlo en tonos crema y verdes fríos. Nada te gusta más que formar parte de una familia unida y cariñosa, y las celebraciones familiares son tus momentos favoritos.

### ... Salud y felicidad

Las preocupaciones son tu principal peligro, ya que afectan a tu estómago, provocándote indigestiones causadas por los nervios y náuseas. Para conseguir un alivio instantáneo, añade aceites de aromaterapia a una bañera con agua caliente y deja que esas preocupaciones se desvanezcan. ¡Maravilloso!

### ... Vida amorosa

Eres un romántico, pero eres reticente a la hora de entregar tu corazón. Cuando encuentras a tu alma gemela eres afectuoso y alentador, y eres un compañero leal.

## Compatibilidad cósmica

¿Qué te llama la atención, Cáncer?

| SIGNOS DE TIERRA | **Te proporcionan un puerto seguro** |
|---|---|
| **Tauro** | Físicamente sublime |
| **Virgo** | Sólido y seguro |
| **Capricornio** | Una unidad fuerte |

| SIGNOS DE AIRE | **Tienen, todos ellos, mucha apariencia, pero poca sustancia** |
|---|---|
| **Géminis** | Tenéis pocas cosas en común |
| **Libra** | Un amor unilateral |
| **Acuario** | Demasiado desestructurado |

| SIGNOS DE FUEGO | **Tienden a ser desmesurados** |
|---|---|
| **Aries** | Erótico pero efímero |
| **Leo** | Unidos a través de la vida familiar |
| **Sagitario** | Acalorado hasta alcanzar el punto de ebullición |

| SIGNOS DE AGUA | **En ellos encontrarás una empatía mutua** |
|---|---|
| **Cáncer** | Fuegos artificiales sexuales |
| **Escorpio** | Una pasión duradera |
| **Piscis** | Cariñoso y dulce |

**Emblemas**
**Piedras natales:** perla, piedra de luna, crisocola
**Colores:** plata, blanco, azul cerúleo

# LEO

## 24 julio – 23 agosto

Desde la antigüedad, Leo ha estado representado por un león, el rey de la selva: valiente, orgulloso, digno y aristocrático. Éstas son también las cualidades que la tradición asigna a los Leo.

El símbolo de Leo representa la cola del león, aunque algunos dicen que el círculo simboliza el corazón. Esta última explicación tiene sentido, ya que, de acuerdo con el acervo astrológico popular, tu signo está relacionado con el corazón y la columna vertebral. El Sol es tu regente planetario. Es dorado y glorioso y te imbuye de vitalidad, energía y poder creativo; y como tu signo también pertenece al elemento Fuego, eres doblemente ardiente, apasionado y fogoso. Cuando estás enfadado, ruges como el proverbial rey de los animales, pero cuando estás contento (que es tu inclinación más natural), la luz del Sol que emana de tus ojos puede iluminar una habitación entera.

## ¡Por qué eres tan alegre!

Eres una persona interesante, dinámica e histriónica, y atraes a la gente hacia ti de la misma forma en la que ésta se ve atraída hacia la luz radiante. Esto está muy bien, ya que tu lugar favorito es el centro del escenario, con admiradores a tu alrededor.

Eres un extrovertido nato: atractivo y sexi, con una risa contagiosa y una maravillosa pasión por vivir la vida al máximo: esto significa que no hay nada con lo que disfrutes más que con una buena fiesta; y como naciste con el brillo del Sol en tu alma, no puedes evitar inspirar y motivar a todo aquel a quien conoces, lo que te convierte en un excelente jefe y un mentor estimulante.

Todos los Leo nacen con un código de honor estampado en su corazón. Esto significa que te alzas en defensa de la justicia y la verdad. No sólo eres inmensamente generoso con aquellos a los que quieres, sino que, al ser magnánimo por naturaleza, eso significa que no puedes pasar de largo e ignorar a cualquiera que esté de verdad en apuros.

## Tú y tu...

### ... Trayectoria profesional

Como más feliz eres es ostentando un puesto de autoridad. El mundo del espectáculo es un camino profesional hecho para ti, ya que te ves atraído por los focos. La moda y la belleza también te atraen, ya que satisfacen tu amor por el lujo y el glamur.

### ... Vida hogareña y social

Siempre hay un factor sorpresa relacionado con el hogar de Leo. Te gusta impresionar con muebles opulentos y colores vivos, frecuentemente enfatizando los rojos y los dorados. Hay espejos por doquier: después de todo, los Leo son un poco vanidosos. Eres un verdadero fiestero y disfrutas celebrando reuniones fastuosas.

### ... Salud y felicidad

Los Leo siempre se llevan a sí mismos al límite, sometiendo a tensiones a su corazón y su columna vertebral. Asumir un enfoque más equilibrado seguirá haciéndote sonreír, pero también te ayudará a vivir más años.

### ... Vida amorosa

Como todos los leones, te gusta dar caza, pero cuando encuentres lo que tu corazón desea, retirarás las garras y te asentarás en una unión satisfactoria. Eres generoso y tienes un gran corazón, y te entregas por completo a la persona a la que amas.

# Compatibilidad cósmica

¿Quién enciende tu llama, Leo?

| SIGNOS DE TIERRA | **Pueden pisotear tus sentimientos** |
|---|---|
| **Tauro** | Divertido durante un tiempo |
| **Virgo** | Muy quisquilloso |
| **Capricornio** | Demasiado conservador |

| SIGNOS DE AIRE | **Estimulan tu deseo** |
|---|---|
| **Géminis** | Amor ardiente |
| **Libra** | Amantes indulgentes |
| **Acuario** | Un acierto delicioso |

| SIGNOS DE FUEGO | **Comparten un vínculo especial contigo** |
|---|---|
| **Aries** | Amor tórrido |
| **Leo** | Un amorío fogoso |
| **Sagitario** | Una pasión duradera |

| SIGNOS DE AGUA | **A veces pueden funcionar creativamente** |
|---|---|
| **Cáncer** | Domesticidad cálida |
| **Escorpio** | Demasiado intenso |
| **Piscis** | Imaginativo |

**Emblemas**
**Piedras natales:** rubí, ámbar, crisolita
**Colores:** dorado, naranja rojizo, amarillo sol

# VIRGO

### 24 agosto – 23 septiembre

Sexto en el ciclo del zodíaco, Virgo es el segundo signo representado por una figura humana. En la doncella del maíz, que lleva un manojo de mazorcas en sus brazos. Vemos una imagen de la cosecha: dorada, fecunda, madura, sustanciosa y generosa. Aquí vemos la idea del sostén, del proveedor, un instinto que impregna a todos los miembros de tu signo.

Potenciando tu naturaleza práctica tenemos el hecho de que Virgo pertenece al elemento Tierra: eres sólido, sensato y fiable. Con tus pies firmemente plantados en el suelo, eres uno de los realistas supremos de la vida. Mercurio, que es sensato y que gobierna la mente, es tu planeta rector, lo que agudiza tu intelecto e inculca sagacidad y buen juicio a tus decisiones. Tu símbolo es complejo y su imaginería no es fácilmente descifrable. Algunos dicen que recuerda la forma de una mujer sentada con las piernas cruzadas a la altura de los tobillos: un reflejo de la falsa modestia de Virgo. Otros reconocen en el símbolo los bucles de los intestinos, que es la zona anatómica asociada a este signo.

## ¡Por qué eres tan heroico!

¿Necesitas un amigo? Quédate con Virgo y no busques más. Pertenecer a este signo implica que estás ahí para los demás. No importa lo complicado que sea el problema de alguien, lo alteradas que estén sus emociones o lo difícil que sea su situación: lo dejarás todo para acudir a su rescate. Eres práctico, lógico y sincero, y tu amable corazón lo dedicas a cualquiera que pida ayuda.

Proporcionas toda tu atención a lo que sea que estés haciendo y a la persona con la que estés; y como te gustan las cosas impecables, siempre estás dispuesto a hacer un esfuerzo extra. Cuando los demás se cansen, tu estarás dándole los toques finales a los arreglos que suponen la diferencia entre un ganador y uno del montón.

## Tú y tu...

### ... Trayectoria profesional

Tu signo es el del servicio, y muchos Virgo se ven atraídos por las profesiones médica y de los cuidados. También tienes bueno ojo para los detalles y unas capacidades organizativas soberbias.

### ... Vida hogareña y social

Famosos por sus gustos discretos, los Virgo se deciden por hogares sencillos, cómodos y prácticos, decorados con tonos terrosos. El orden te gusta y la higiene está en la parte superior de tu lista. Socialmente hablando, disfrutas con las veladas acogedoras con una conversación inteligente y con los juegos de naipes o los juegos de preguntas y respuestas para entretenerte.

### ... Salud y felicidad

Los Virgo tienden a sufrir problemas intestinales, así que intenta consumir una dieta natural y ecológica. Eres un poco hipocondríaco, y necesitas hacer ejercicio suave para así segregar las sustancias químicas que te hacen sentir bien y animarte.

### ... Vida amorosa

La gente inteligente te estimula: pones el cerebro por delante de la belleza. Necesitas estar seguro de tus sentimientos antes de comprometerte, por lo que el amor suele surgir a partir de una amistad. Para la persona a la que amas no eres sólo fiel, confiable, leal y sincero, sino también sensato y agudo.

# Compatibilidad cósmica

¿Qué te deja con deseo de obtener más, Virgo?

| SIGNOS DE TIERRA | **Podrían proporcionarte tu emparejamiento ganador** |
|---|---|
| **Tauro** | Una atracción profunda |
| **Virgo** | Sentimientos empáticos |
| **Capricornio** | Oro puro |

| SIGNOS DE AIRE | **Pueden resultar desestabilizantes** |
|---|---|
| **Géminis** | Demasiado frívolo |
| **Libra** | Decepcionante |
| **Acuario** | Indiferente y distante |

| SIGNOS DE FUEGO | **Pueden ser difíciles de manejar** |
|---|---|
| **Aries** | Direcciones distintas |
| **Leo** | Demasiado extravagante |
| **Sagitario** | Una asociación que provoca inquietud |

| SIGNOS DE AGUA | **Suponen una combinación mutuamente gratificante** |
|---|---|
| **Cáncer** | Compromiso total |
| **Escorpio** | Respeto mutuo |
| **Piscis** | Compasivo pero caótico |

**Emblemas**
**Piedras natales:** jaspe, peridoto, sardónice
**Colores:** verde, terracota

# LIBRA

### 24 septiembre – 23 octubre

Todo lo que tiene que ver contigo habla de equilibrio. Para empezar, tu signo está representado por la balanza, que algunos llaman la balanza de la justicia. Es un símbolo adecuado, porque te encuentras sopesando constantemente los pros y los contras de las distintas situaciones de la vida. Además, siempre se puede contar contigo para obtener una opinión ecuánime.

Vemos el equilibrio de nuevo en la posición zodiacal de tu signo. Al encontrarse en el séptimo lugar, Libra se encuentra estable a mitad del camino del ciclo, empezando alrededor de la época del equinoccio otoñal en el hemisferio norte (22 de septiembre), lo que marca el punto de inflexión de las estaciones y el inicio de la segunda mitad del año astrológico.

Incluso anatómicamente hay una referencia al equilibrio, ya que Libra se corresponde con los riñones; los dos órganos que filtran las toxinas para expulsarlas del organismo y restablecer nuestro equilibrio interno.

El aire, fresco y liviano, es el elemento de tu signo, y así es exactamente cómo te gusta presentarte. Y acertadamente, además, el aire es también el medio mediante el que transmitimos nuestros pensamientos. En cualquier situación, tú, Libra, pareces saber exactamente qué decir, lo que significa que siempre te sientes cómodo en entornos sociales.

## ¡Por qué eres tan celestial!

En primer lugar y por encima de todo, estás gobernado por Venus, la diosa del amor, y también de la belleza, el buen aspecto y la suerte.

¡No es de sorprender que seas tan atractivo! Venus te dota de gracia y elegancia, y también de un gusto exquisito. La apariencia te importa, razón por la cual, e independientemente de lo que hagas, siempre tienes un aspecto impecable.

Luchas por la armonía y disfrutas con las mejores cosas de la vida: la música, la escultura, el arte, la fotografía y la arquitectura. Eres cultivado, refinado y tienes unos modales exquisitos, eres un compañero considerado y, cuando recibes a tus amigos, sabes exactamente cómo asegurarte de que se relajen y lo pasen bien.

## Tú y tu…

### … Trayectoria profesional

Dada tu propensión hacia la indecisión, escoger una trayectoria profesional es un gran reto para ti. Eres diplomático, por lo que las ocupaciones judiciales, los puestos de asesoría o las relaciones públicas encajarían. Tu elegancia te conduce hacia los sectores de la moda o el diseño.

### … Vida hogareña y social

El hogar de Libra es esencialmente elegante. Te gustan el equilibrio y la simetría, y prefieres los tonos verdes fríos o los terrosos. Socialmente hablando disfrutas de las veladas, eres un anfitrión atento y un invitado agradable. Los conciertos y las comedias te hacen feliz.

### .. Salud y felicidad

Tu signo gobierna los riñones y la vejiga, y cuando tu organismo sufre un desequilibrio, es aquí donde las cosas están yendo mal. El tenis, el yoga, los bailes de salón o el taichi son formas geniales para que te mantengas en forma.

### … Vida amorosa

Libra gobierna las relaciones, y tú naciste para estar enamorado. Eres encantador y de trato fácil, y atraes a los admiradores como la miel a las moscas. La persona a la que elijas será bella, educada y se verá bien en todo momento.

## Compatibilidad cósmica

¿Quién te hace estremecer, Libra?

| SIGNOS DE TIERRA | **Pueden reprimirte** |
|---|---|
| **Tauro** | Inestable |
| **Virgo** | Críticamente correcto |
| **Capricornio** | Excesivamente organizado |

| SIGNOS DE AIRE | **Donde te encontrarás más en sintonía** |
|---|---|
| **Géminis** | Genial, equilibrado y hermoso |
| **Libra** | Pareja encantadora |
| **Acuario** | Elegancia máxima |

| SIGNOS DE FUEGO | **Son un buen emparejamiento que funciona bien** |
|---|---|
| **Aries** | Una atracción entre polos opuestos |
| **Leo** | Amigos buenos y sinceros |
| **Sagitario** | Comprensión garantizada |

| SIGNOS DE AGUA | **Pueden enfriar tu ánimo** |
|---|---|
| **Cáncer** | Dulce pero breve |
| **Escorpio** | En mundos distintos |
| **Piscis** | Demasiado dependiente |

**Emblemas**

**Piedras natales:** ópalo, cuarzo rosa, mármol

**Colores:** rosado, azul pastel, verde jade

# ESCORPIO

## 24 octubre – 22 noviembre

Representado por el escorpión, el tuyo es el signo del poder. Puede que no digas gran cosa (recuerda que los escorpiones no tienen voz), pero hay una vorágine de actividad muy dentro de ti; y, como estás regido por Plutón, el dios sigiloso del inframundo, no sólo eres profundo, sino que también puedes ser bastante insondable.

El agua es tu elemento, pero no imagines que tus emociones son como torrentes o potentes cascadas. En lugar de ello, para describir tus sentimientos con mayor precisión, piensa en un lago cristalino, cuya calma reflejada en su superficie oculta las turbulentas y peligrosas corrientes submarinas que se arremolinan potentemente por debajo.

El símbolo de Escorpio es la cola alzada de un escorpión, con el mortal aguijón en la punta, dispuesto a golpear. ¿Reconoces el simbolismo? Como curiosidad, los pueblos antiguos representaban tu signo no como un escorpión, sino como un águila que se elevaba a gran altura sobre el plano material, siendo así un símbolo de la trascendencia. Es una imagen adecuada, ya que Escorpio está relacionado con la transformación y el renacimiento.

### ¡Por qué eres tan irresistible!

Eres una criatura sexi, y tienes algo oscuro y sensual. Estás centrado y eres intenso, y rezumas un aire de misterio que otros encuentran tentador y seductor.

Mental y emocionalmente hablando, posees un poder elemental que te convierte en unas de las personas más fuertes del universo. Con tu enérgica determinación, sumada a tu extraordinaria resistencia, si alguien puede conseguir que el espíritu triunfe sobre la materia, eres tú. Una vez que le hayas echado el ojo a algo, nada se interpondrá en tu camino hasta que consigas lo que quieres.

Eres brillante en el campo de la investigación y sacas a la luz datos e información: tú, Escorpio, eres el resuelto detective de los signos solares; y cuando se trata de la resolución de problemas, hay pocos que puedan superarte.

## Tú y tu...

### ... Trayectoria profesional

Tanto si estás implicado en la ciencia forense, estás buscando información hasta dar con ella o estás excavando para encontrar un tesoro enterrado, la precisión es tu fuerte. Las ingenierías, el psicoanálisis y la cirugía (incluso la carnicería) se adaptan a la mente precisa e inquisitiva e Escorpio.

### ... Vida hogareña y social

Te encanta un ambiente oscuro, con rojos borgoña intensos y telas suntuosas, o tonos monocromáticos austeros suavizados por una luz tenue. Socialmente, prefieres tener pocos amigos buenos que una multitud de conocidos.

### ... Salud y felicidad

Eres bastante robusto desde el punto de vista de la salud, principalmente porque no crees en la enfermedad. Si tienes esa mala suerte, la mala salud probablemente afectará a tus órganos reproductores, o tu vejiga o intestinos. No obstante, tu control mental sobre la materia te mantendrá feliz.

### ... Vida amorosa

Frecuentemente se te describe como sexi y seductor, y no te van los juegos emocionales, aunque eres proclive a los celos. La lealtad, la honestidad y la confianza son clave en tus relaciones. Cuando entregas tu corazón es para siempre.

## Compatibilidad cósmica

¿Quién tiene la fórmula mágica para ti, Escorpio?

| SIGNOS DE TIERRA | **Suponéis una combinación fructífera desde muchos puntos de vista** |
|---|---|
| **Tauro** | Profundamente emocional |
| **Virgo** | Comprometido |
| **Capricornio** | Amor tórrido |

| SIGNOS DE AIRE | **Pueden resultarte frustrantes** |
|---|---|
| **Géminis** | Insostenible |
| **Libra** | Demasiado difuso |
| **Acuario** | Incómodo |

| SIGNOS DE FUEGO | **Harán que te salga humo por las orejas** |
|---|---|
| **Aries** | Apasionado pero temperamental |
| **Leo** | Drama y lágrimas |
| **Sagitario** | Dos barcos que se cruzan en la noche |

| SIGNOS DE AGUA | **Te relajan en tu zona de confort** |
|---|---|
| **Cáncer** | Un vínculo para toda la vida |
| **Escorpio** | Abundante pasión |
| **Piscis** | Intensamente cariñoso |

**Emblemas**

**Piedras natales:** jaspe, malaquita, topacio

**Colores:** burdeos, berenjena, negro

# SAGITARIO

### 23 noviembre – 21 diciembre

Al igual que tu signo está simbolizado por el centauro (medio hombre y medio animal) también hay dualidad en tu carácter. Ningún otro signo del zodíaco combina lo físico y lo mental como Sagitario. Al igual que un centauro, galopas por la vida, viajando por todas partes, adquiriendo nuevas experiencias y conocimientos en tu ruta.

Sagitario procede del término latín para referirse a una flecha, y de aquí el símbolo de tu signo. Al igual que el centauro-arquero toma su arco y mira hacia el cielo, tú también pones tu mirada en la vista panorámica. Frecuentemente disparas tus ideas muy lejos en la distancia, y muchas veces, debido a tu muy fina intuición, acertarás de lleno en el centro de la diana.

Ser miembro del elemento Fuego te dota de una pasión por vivir la vida al máximo. El mundo es un lugar grande y colorido, y quieres galopar hacia delante para explorar todos y cada uno de sus fascinantes rincones.

## ¡Por qué eres tan encantador!

Eres un alma dspreocupada y simpática. Eres generoso, afable y te encanta la diversión, y la gente siempre encuentra fácil llevarse bien contigo y disfrutar siendo tu amigo. Pocas cosas parecen hacer mella en tu exuberancia ni reducir tu entusiasmo por la vida. Incluso cuando los eventos conspiran en tu contra y la vida te derriba, simplemente te levantas, te sacudes el polvo y avanzas con entusiasmo en busca de tu siguiente gran aventura con una sonrisa en tu rostro. Y no tienes problemas para encontrar seguidores. Esa exuberancia natural tuya parece atraer a la gente hacia ti como un imán, disparando su imaginación y animando sus corazones con tu alegría de vivir.

Puedes ser deportista o amante de los libros, o quizás ambos; pero independientemente de lo que hagas, la buena suerte parece perseguirte por doquier. Y no es de sorprender: con Júpiter, portador de suerte, como guía vital, te encuentras, invariablemente, en el lugar adecuado en el momento preciso. Sigue adelante, Sagitario, simplemente sigue marcándote unos objetivos elevados.

## Tú y tu...

### ... Trayectoria profesional

Eres versátil y adaptable y te comes el mundo. Te ves atraído por las organizaciones políticas, las salas de conferencias, los despachos jurídicos y los estudios de los medios de comunicación, pero también eres activo, por lo que, asimismo, te encuentras como en casa en el mundo de los deportes o viajando.

### ... Vida hogareña y social

Puede que tus habitaciones no estén ordenadas, que tus sillas no peguen y que las superficies de tu hogar no estén libres de polvo, pero tu hogar será cómodo. Te encanta llevarte un mueble de un mercadillo y convertirlo en un tesoro. Tienes montones de amigos y disfrutas con las reuniones informales.

### ... Salud y felicidad

Te gustan el buen vino y la buena comida: un desastre para tu hígado y tu cintura. El senderismo y correr son terapias geniales para ti, poniéndote en forma y haciendo que salgas al aire libre.

### ... Vida amorosa

Flirteas, explicas chistes, activas todo ese encanto y te gusta jugar a dos bandas, pero también eres apasionado, honesto, bondadoso y divertido. Encuentra a alguien que comparta la misma perspectiva y formaréis un gran equipo.

## Compatibilidad cósmica

¿Quién hace buenas migas contigo, Sagitario?

| | |
|---|---|
| SIGNOS DE TIERRA | **Pueden apagar tu fuego** |
| **Tauro** | Distintos deseos |
| **Virgo** | Demasiadas normas |
| **Capricornio** | Incómodamente formal |
| | |
| SIGNOS DE AIRE | **Enormemente espumosos** |
| **Géminis** | Diversión veleidosa |
| **Libra** | Deleite romántico |
| **Acuario** | Pasiones compartidas |
| | |
| SIGNOS DE FUEGO | **Son extremadamente complementarios para ti** |
| **Aries** | Sensacionalmente abrasador |
| **Leo** | Amor apasionado |
| **Sagitario** | Profundo entendimiento |
| | |
| SIGNOS DE AGUA | **Pueden apagar tu ardor** |
| **Cáncer** | Sensible |
| **Escorpio** | Demasiado celoso |
| **Piscis** | Tierno pero lleno de problemas |

**Emblemas**
**Piedras natales:** turquesa, lapislázuli, topacio
**Colores:** azul regio, magenta

# ♑

# CAPRICORNIO

## 22 diciembre – 20 enero

No es de sorprender que sientas que naciste con una cabeza vieja sobre unos hombros jóvenes: estás gobernado por Saturno, el supervisor de los cielos y el Padre del Tiempo. El deber y la responsabilidad son los lemas de Capricornio, lo que significa que trabajas duro para ganarte la vida. Tu signo está simbolizado por la cabra montés, con su paso seguro, que escala, con determinación, los escarpados riscos para alcanzar la mismísima cima. Tu signo es el de la ambición y el éxito final.

Capricornio está relacionado con el elemento Tierra, lo que te proporciona esa solidez y constancia. También significa que, aunque alcanzar la cima es tu objetivo último, unos cimientos fuertes son cruciales para tu objetivo en la vida y tu bienestar. Una vez asentados, te proporcionan el coraje y la determinación para triunfar.

### ¡Por qué vuelas tan alto!

Lo mejor de ti, Capricornio, es que nunca te rindes. Los obstáculos que se interponen en el camino de otras personas o que derrotarían a un mortal inferior, son, para ti, simplemente un reto con el que medras. De una forma u otra estás determinado a dar con una forma de solucionar ese problema y salir triunfante al final; e invariablemente, simplemente haces eso, y brillantemente además.

Podría parecer como si el peso del mundo descansara sobre tus hombros, pero entonces sorprendes a todos con un sentido del humor mordaz que es verdaderamente hilarante. Nadie puede tumbar a un oponente con el tipo de comentarios ingeniosos y brillantes que se te ocurren tan espontáneamente. Eres perspicaz e irónico, y mantienes a tu público riéndose a carcajadas.

La ancianidad no te asusta porque simplemente floreces con la edad. Cuanto mayor te haces, más mejoran tu mente y tu salud, y más joven pareces. ¿Que si tenemos envidia? ¡Puedes apostar a que sí!

## Tú y tu…

### … Trayectoria profesional

Eres diligente y laborioso, y te tomas el trabajo en serio. Los negocios y la dirección son buenos caminos para ti, al igual que las ingenierías y la economía. Siempre tienes la vista puesta en lo más alto de la escala social, a la que llegarás gracias a un auténtico trabajo duro.

### … Vida hogareña y social

Dedicas tiempo y esfuerzo a hacer que tu hogar brille; tienes buena vista para la calidad y no te encoges cuando una etiqueta marca un precio elevado. Eres exigente con respecto a tus amigos, y te mueves en los círculos «adecuados». Mezclar negocios y placer es lo que haces mejor.

### … Salud y felicidad

Los Capricornio tenéis fama de ser longevos, pero los huesos, la piel y el cabello son tus puntos débiles. Una buena rutina de cuidado de la piel y montar en bicicleta, caminar y el golf son ideales para ti, además de los estiramientos y el pilates.

### … Vida amorosa

Enfocas las relaciones de forma seria, y no crees en el flirteo. Muy probablemente conocerás a tu pareja para toda la vida en el trabajo, y será alguien respetable y serio. Permanecerás leal y fiel a este pilar de fortaleza.

## Compatibilidad cósmica

¿Quién tiene la llave de tu corazón, Capricornio?

| SIGNOS DE TIERRA | **Te hacen saber a qué atenerte** |
|---|---|
| **Tauro** | Firme y leal |
| **Virgo** | Confianza profunda |
| **Capricornio** | Los mejores amigos |

| SIGNOS DE AIRE | **Son mejores parejas en los negocios que en el amor** |
|---|---|
| **Géminis** | Distraen demasiado |
| **Libra** | Livianos |
| **Acuario** | En planos distintos |

| SIGNOS DE FUEGO | **Son demasiado volátiles para que te sientas cómodo** |
|---|---|
| **Aries** | Carece de madurez |
| **Leo** | Tiene cualidades |
| **Sagitario** | Demasiado despreocupado |

| SIGNOS DE AGUA | **Formáis un equipo de ensueño** |
|---|---|
| **Cáncer** | Sentimientos fabulosos |
| **Escorpio** | Energía poderosa |
| **Piscis** | Fascinación duradera |

**Emblemas**

**Piedras natales:** azabache, ónice, zafiro

**Colores:** azul marino, añil, verde bosque

# ACUARIO

## 21 enero – 19 febrero

Acuario es el más sociable de los signos solares, y está relacionado con la amistad y el dirigir las reuniones, como en los clubes, asociaciones y comités. Los Acuario son abiertos de mente y objetivos, y son famosos por su tolerancia, su sentido del juego limpio y su aceptación, de forma natural, de las particularidades y rarezas de otras personas. Por encima de todo creen en la igualdad.

Acuario es un signo de Aire, y las ondas dentadas de su símbolo no representan el agua, como podrías pensar, sino la luz: la radiación o los impulsos eléctricos que atraviesan el éter. Este signo frecuentemente se representa en forma de una mujer vertiendo agua, pero lo que en verdad está vertiendo no es agua, sino información: inteligencia procedente de la fuente del conocimiento. En realidad, es bastante apropiado, en su conjunto, ya que Acuario es el signo del intelecto superior. Los Acuario son previsores y están adelantados a su tiempo. Acuario, al que se describe como el visionario del zodíaco, gobierna las esperanzas y los deseos, y mira hacia el futuro y más allá.

### ¡Por qué eres tan «raro»!

¿Te has preguntado alguna vez por qué eres tan deliciosamente distinto?, ¿por qué tus ideas son tan extraordinarias?, ¿y por qué sigues formulando preguntas que otras personas simplemente no han tenido la imaginación para haber pensado en ellas? ¡Es porque estás regido por Urano!

Este planeta representa la electricidad, los relámpagos y la revolución. Urano rompe las normas, incumple las convenciones y desprecia al mundo. Ser un Acuario te convierte en alguien impredecible, no convencional, un verdadero inconformista y en el niño rebelde de la astrología. No eres sólo divertido, sino que eres completamente original, muy ingenioso y tenerte cerca es totalmente revitalizante. A veces eres alocado e incomprendido, estás muy por delante de los demás y siempre estás dispuesto a experimentar, aunque tus hazañas puedan hacerte acabar con el agua hasta el cuello.

## Tú y tu…

### … Trayectoria profesional
La investigación científica y las ingenierías son opciones ideales para ti, al igual que lo son otras trayectorias profesionales como la medicina alternativa. El trabajo social satisface a tu consciencia.

### … Vida hogareña y social
Te gustan las líneas ultramodernas y los colores atrevidos. Tu hogar está lleno de dispositivos de alta tecnología, lo que proporcionará a los visitantes todo tipo de temas de conversación inusuales. Disfrutas de una amplia red social y siempre estás ahí para un amigo en apuros. Eres inteligente y divertido, eres genial entre una multitud y eres valorado porque eres muy comprensivo.

### … Salud y felicidad
En cuanto al ejercicio, practica el aerobic de bajo impacto, ya que no somete a tus piernas a una tensión excesiva (eres conocido por tener los tobillos débiles) y es bueno para la circulación. Disponer de algo en lo que creer es lo que alegra a tu alma.

### … Vida amorosa
Una conversación estimulante te robará el corazón más rápidamente que un buen aspecto. Tu amor es incondicional, pero insistes en conservar tu independencia y no puedes soportar los celos. Eres tan poco convencional en el amor como lo eres por naturaleza.

## Compatibilidad cósmica

¿Quién te deja embelesado, Acuario?

| | |
|---|---|
| SIGNOS DE TIERRA | **Pueden proporcionar estabilidad** |
| **Tauro** | Una amistad a largo plazo |
| **Virgo** | Intelectualmente estimulante |
| **Capricornio** | Mejor como asociación laboral |
| SIGNOS DE AIRE | **Estáis en la misma onda** |
| **Géminis** | Te conquista |
| **Libra** | Pareja elegante |
| **Acuario** | Verdadero entendimiento |
| SIGNOS DE FUEGO | **Te encienden con una perfecta mezcla de estados de ánimo** |
| **Aries** | Posibilidades tórridas |
| **Leo** | Los polos opuestos se atraen |
| **Sagitario** | Acción explosiva |
| SIGNOS DE AGUA | **Podrían dejarte luchando por respirar** |
| **Cáncer** | Encerrado en su mundo |
| **Escorpio** | Demasiado controlador |
| **Piscis** | Necesidades emocionales distintas |

Emblemas
**Piedras natales:** amatista, zafiro azul
**Colores:** azul, verde, purpura plateado

# PISCIS

## 20 febrero – 20 marzo

Como duodécimo signo del zodíaco, Piscis completa el ciclo de los signos solares. Se dice que, en su viaje alrededor del zodíaco, el Sol capta las características destacadas de cada signo por el que pasa. Para cuando llega hasta ti, Piscis, el Sol cuenta con una buena recopilación de historias humanas con todos los tonos del arcoíris para que las tomes en consideración. No es de sorprender, pues, que sepas lo que sienten otras personas: eres exquisitamente compasivo y empático con tus congéneres.

Piscis está relacionado con el elemento Agua, destacando así tu sensibilidad y tu tendencia a reaccionar emocionalmente ante los desafíos de la vida. En términos astrológicos, el signo Piscis corresponde a los pies, y tus pies son la zona de tu cuerpo en la que experimentas más problemas físicos.

Regido por Neptuno, el dios del mar y guardián de los océanos, tu signo es el de la espiritualidad. Piscis está simbolizado por dos peces unidos, pero que nadan en direcciones opuestas, representando así la unión temporal del cuerpo y el alma que, con el tiempo, tendrán, inevitablemente, que separarse.

### ¡Por qué eres tan sabio!

Como Piscis, crees en lo mejor de cada persona y ves la belleza allá donde mires. Eres amable y cariñoso, y tienes empatía preparada para cualquiera que necesite consuelo. Tu profundo conocimiento de la naturaleza humana te convierte en un maravillosos amigo y asesor.

Siempre estás ahí con una palabra amable, y si eso no es suficiente, dispones, a continuación, de un tazón de caldo de pollo alentador.

Tu naturaleza espiritual implica que estás bendecido con destellos de conocimiento y una visión maravillosa. Mediante el uso de palabras, la pintura o la música, puedes hacer que otros crean que existe un mundo mejor. Sólo tú puedes conjurar el tipo de magia que tiene el poder de transportar a otros a un plano superior.

## Tú y tu...

### ... Trayectoria profesional

La medicina y las artes (especialmente la música y la literatura) son una excelente opción. Independientemente de lo que hagas, evita las condiciones de trabajo estresantes. Los entornos agradables y unos colegas cooperadores son esenciales para tu bienestar.

### ... Vida hogareña y social

Tu hogar es, para ti, es una mezcla de estilos, desordenada pero ecléctica, combinada para crear un ambiente tenue y deseable que es, en su conjunto, romántico. Los azules dominan, y hay vistas hacia el agua o accesorios relacionados con el mar.

### ... Salud y felicidad

Los Piscis son proclives a sufrir problemas de pies: pies planos, uñeros, juanetes y gota, por nombrar algunos. Nadar es maravillosamente terapéutico para ti, al igual que el *ballet,* a pesar de tus problemas de pies.

### ... Vida amorosa

Como romántico máximo, son las rosas en la puerta y el «vivieron felices y comieron perdices» lo que llena tus sueños. Eres tierno y generoso, pero puedes ser empalagoso, razón por la cual medras mejor con una pareja fuerte y alentadora a tu lado.

## Compatibilidad cósmica

¿Quién te hace tilín, Piscis?

| | |
|---|---|
| SIGNOS DE TIERRA | **Te hacen tener los pies sobre la tierra** |
| **Tauro** | Fórmula ganadora |
| **Virgo** | Intercambio potente |
| **Capricornio** | Cuidados compasivos |
| | |
| SIGNOS DE AIRE | **Podrían hacerte salir de tus profundidades** |
| **Géminis** | Un mundo de fantasía |
| **Libra** | Delicioso pero irreal |
| **Acuario** | Con final abierto |
| | |
| SIGNOS DE FUEGO | **Pueden dejarte seco** |
| **Aries** | Agotador |
| **Leo** | Exigente |
| **Sagitario** | Inspiración a corto plazo |
| | |
| SIGNOS DE AGUA | **Te ofrecen un destino compartido** |
| **Cáncer** | Amor des-preocupado |
| **Escorpio** | Romance hipnotizante |
| **Piscis** | Dicha de ensueño |

**Emblemas**
**Piedras natales:** aguamarina, coral, crisolita
**Colores:** violeta, lavanda, verdemar

# LA PREDICCIÓN DEL FUTURO

¡Muchos felices regresos! ¿Has oído alguna vez decir eso en el cumpleaños de un amigo? ¿Y te has preguntado alguna vez quién o qué son esos regresos? Es fácil: es el Sol. En términos astrológicos, el Sol se desplaza a través de los doce signos a lo largo de doce meses y regresa, en tu cumpleaños, al mismo lugar del cielo en el que se encontraba en el momento en el que naciste. Por lo tanto, un «regreso» denota una revolución entera del Sol y, por lo tanto, un año completo de tu vida.

Desde este punto, en el día de tu cumpleaños, el Sol inicia un nuevo viaje y, así, pone en marcha el ciclo de eventos que llevará los siguientes doce meses completar.

Empezando en Aries y acabando en Piscis, hay doce signos del zodíaco. Cada signo describe un conjunto de características, rasgos de la personalidad e intereses concretos. Por ejemplo, el valiente Aries muestra un gran interés por los deportes. Ser el primer signo del zodíaco hace que Aries sea un poco avasallador, pero implica que los Aries son aficionados a abrir nuevos caminos y ser pioneros. Géminis, por otro lado, es más cerebral. Los asuntos de la mente, la comunicación y los asuntos sociales son las principales preocupaciones de este signo del zodíaco.

A medida que el Sol se desplaza de un signo a otro, desplaza tu atención hacia esos aspectos relacionados con el signo en el que se encuentra en ese momento. Así, puede que un mes te encuentres con que predominan los asuntos económicos porque el signo de ese mes gobierna el dinero. Luego, a medida que el Sol sale de ese signo y pasa al siguiente, podría ser tu vida doméstica la que se animara, mientras los asuntos familiares o tus bienes se convierten en las nuevas preocupaciones predominantes en tu vida durante ese mes concreto. Al igual que cada signo influye en las características de la gente nacida en ese momento del año, también afecta a lo que pensamos y a las acciones que llevamos a cabo.

Esta información nos empodera para trabajar con el zodíaco de modo que podamos aprovechar sus influencias obteniendo el mayor beneficio posible: planificando cuándo emprender acciones y cuándo relajarnos y disfrutar. Como sabemos que el Sol pasa un poco más de cuatro semanas en cada signo, es posible averiguar, empezando por tu cumpleaños y en relación con tu signo, qué asuntos es probable que se te presenten a lo largo del año y, además, en qué momento del año esos asuntos exigirán tu atención. Generalmente necesitarías a un astrólogo para cartografiar estas influencias para ti, pero pasa a la página siguiente para descubrir cómo averiguarlas por ti mismo.

# TRABAJA CON LA RUEDA DEL TIEMPO

En las siguientes páginas encontrarás una Rueda Zodiacal del Tiempo dividida en doce sectores llamados «casas» astrológicas. Convencionalmente, las casas se disponen en una rueda o en la faz de un reloj, desplazándose en sentido antihorario, empezando con la secuencia en el punto del disco que corresponde a las 09:00 h. Esta es la primera casa. El siguiente sector contiene la segunda casa, y así hasta llegar a la duodécima casa.

Cada casa se ocupa de un conjunto concreto de circunstancias, temáticas, características y asociaciones. Estos son, brevemente, los asuntos principales que se destacan mientras el Sol pasa por esta zona, que te preocuparán en esa época del año. Tu ciclo personal empieza cuando el Sol entra en tu signo del zodíaco: es decir, cuando tu signo del zodíaco se desplaza hasta la primera casa de la faz del reloj.

*Cada cuarta casilla tras aquella en la que está situada tu Sol, destaca tu momento más alentador del año de acuerdo con el elemento de tu grupo (véanse el apartado «Afinidades entre elementos»).*
*Así, puedes esperar una resonancia más positiva en tus asuntos a lo largo de los períodos representados en la primera, quinta y novena casilla.*

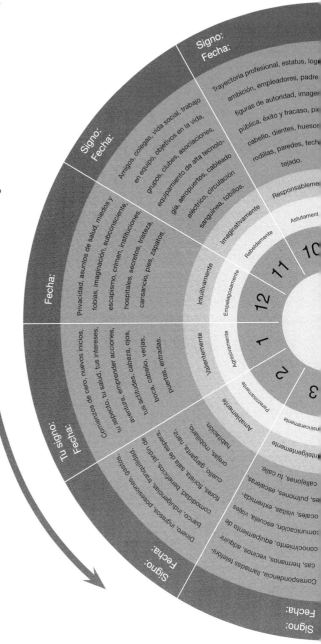

Signo:
Fecha:

Viajes, asuntos exteriores, educación superior, conferencias, filosofía, relaciones públicas, publicidad, asuntos legales, religión, retransmisiones, publicación, caderas, muslos, hígado, biblioteca.

Signo:
Fecha:

Ahorros, finanzas oficiales, seguros, el dinero de otros, renovaciones, pasiones, obsesiones, psicología, sangrías, cirugía, sexo, órganos reproductores.

Signo:
Fecha:

Matrimonio, asociaciones, acuerdos, contratos, compromiso a largo plazo, pleitos, enemigos, competiciones, galerías de arte, intercambio, vejiga, riñones, ventanas.

Signo:
Fecha:

Salud, trabajo, dieta, empleos rutinarios, burocracia, empleos públicos, obligaciones, servicio, empleados, médicos, clínicas, restaurantes, higiene, intestinos, cocina, cuarto de baño.

Signo:
Fecha:

Ocio y placer, aficiones, vacaciones, hijos, proyectos creativos, romance, entretenimiento, cine, teatro, glamur, apuestas, asumir riesgos, el corazón, columna vertebral, cuarto de estar.

Signo:
Fecha:

Familia, hogar, seres queridos, ma... propiedad, sótano, jardín, cam... cocinar, historia, raíces, recu... dos, el pasado, tu ciudad hotel, entorno, torso, pec...

Entusiasmadamente

Despreocupa-damente

Decididamente

Vengativamente

Encantadoramente

Indecisamente

Eficientemente

Críticamente

Arrogantemente

Generosamente

Protectorament...

Malhumora-damente

9

8

7

6

5

4

● Asuntos que surgen.
● Respuesta positiva.
● Respuesta negativa.
● Número de la casilla.

# AQUÍ TENEMOS LO QUE HACER

Fotocopia la rueda (de la página anterior) y entonces, en tu copia, empezando en la primera casa y empleando los datos que aparecen a continuación, escribe el nombre de tu signo y sus fechas en el recuadro del círculo externo del disco. Desplázate en sentido antihorario hacia la segunda casa y anota ahí el nombre y las fechas del signo astrológico que va después del tuyo. Anota todos los datos de los signos en secuencia.

**Aries** 21 marzo – 20 abril

**Tauro** 21 abril – 21 mayo

**Géminis** 22 mayo – 22 junio

**Cáncer** 23 junio – 23 julio

**Leo** 24 julio – 23 agosto

**Virgo** 24 agosto – 23 septiembre

**Libra** 24 septiembre – 23 octubre

**Escorpio** 24 octubre – 22 noviembre

**Sagitario** 23 noviembre – 21 diciembre

**Capricornio** 22 diciembre – 20 enero

**Acuario** 21 enero – 19 febrero

**Piscis** 20 febrero – 20 marzo

En la fecha en la que el Sol abandona tu signo, se desplazará, en sentido antihorario, hacia la siguiente casa, modificando tu atención hacia el nuevo conjunto de asuntos representados aquí. Cuatro semanas después, el Sol se desplazará de nuevo, poniendo así el foco en nuevos asuntos, etc. Adelantarte así al movimiento del Sol a través de las casas te proporcionará un vistazo, mes a mes, sobre qué situaciones es posible que surjan durante el año venidero, y cómo es probable que lidies con ellos: de forma positiva o negativa.

# HAZ QUE EL FUTURO
## TRABAJE PARA TI

Al seguir el rastro del Sol alrededor de la Rueda Zodiacal del Tiempo, se han destacado la primera, quinta y novena casas. Éstas muestran qué fechas son momentos especialmente alentadores del año para ti, ya que el Sol se encuentra en un signo que comparte tu elemento (*véase* el apartado «Afinidades entre elementos»). Pero ¿cuándo es más probable que ganes dinero o te enamores? ¿Cuándo deberías solicitar un nuevo empleo, redecorar tu hogar, procurarte unos cuidados extra de tu salud? ¿Cuándo decreta el destino que lograrás el éxito en el trabajo, encontrarás el hogar de tus sueños, viajarás por el mundo, te casarás o tendrás un bebé?

Intentar responder a alguna de estas preguntas requiere de un astrólogo profesional, pero hay formas en las que puedes sintonizar con las oportunidades, abrir tu mente a las posibilidades, prepararte para las eventualidades y darle al destino un codazo en las costillas. Todo tiene que ver con la elección del momento adecuado, y la astrología tiene todo que ver con la elección del momento adecuado.

Teniendo presentes los asuntos de cada casa y tus respuestas frente a los eventos, regresa a la Rueda Zodiacal del Tiempo y, empezando desde tu cumpleaños, aplica la información proporcionada en la tabla que aparece a continuación a las asociaciones de la casa (el primer mes es el mes de tu nacimiento, el segundo mes es el mes siguiente al de tu nacimiento, etc.).

# El mejor momento para...

| | |
|---|---|
| **El mes de tu cumpleaños** | Marcarte nuevos propósitos e implementar estrategias nuevas para mejorar tu vida, trabajo, amor y salud. |
| **2.º mes** | Centrarte en el dinero, amortizar deudas, pedir un aumento de sueldo, atender tus negocios, rellenar papeleo. |
| **3.º mes** | Establecer contactos, ponerte al día con los problemas en tu vecindario, visitar a tus amigos y seres queridos. |
| **4.º mes** | Centrarte en tu hogar y tu familia, el bricolaje, redecorar, practicar la jardinería, mudarte a otra casa. |
| **5.º mes** | Relajarte, concebir un bebé, viajar, adoptar una nueva afición, conocer a alguien especial. |
| **6.º mes** | Someterte a un chequeo, mejorar tu dieta y tu estado de forma, organizarte, solicitar un nuevo empleo. |
| **7.º mes** | Encontrar un nuevo socio, firmar contratos, casarte. |
| **8.º mes** | Poner en orden asuntos de negocios, iniciar un nuevo programa de ahorro, intimar más con esa persona especial. |
| **9.º mes** | Viajar, ponerte en contacto con gente que vive lejos, mejorar tus habilidades, matricularte en una universidad, lanzar una campaña de relaciones públicas, pensar a nivel global. |
| **10.º mes** | Luchar por un ascenso, hacerte notar, disfrutar de tu éxito. |
| **11.º mes** | Ser sociable, apuntarte a un club, hacer amigos influyentes, repensar tus objetivos. |
| **12.º mes** | Ir más despacio, pensar en tu salud, mimarte, tomarte un tiempo muerto, dormir. |

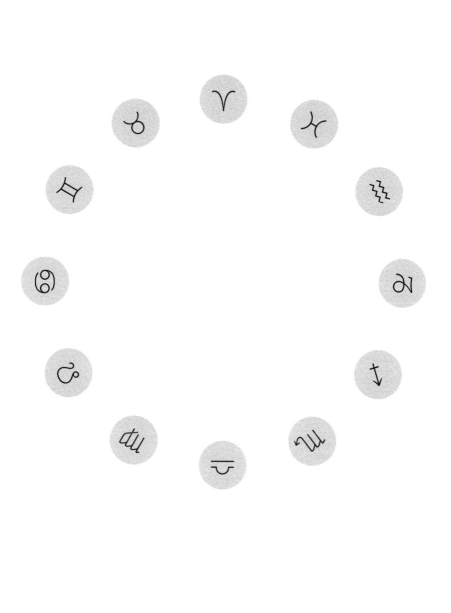

# Índice